당신이 보지 못한 한국전쟁
포로와 판문점

당신이 보지 못한 한국전쟁
포로와 판문점

초판 발행 2025년 6월 25일

저자 전갑생 김용진 최윤원
편집 조연우
교정교열·디자인 조연우
인쇄 (주)아트가인쇄

펴낸이 김동현
펴낸곳 도서출판 뉴스타파
출판등록 2020년 8월 24일 제2020-000128호
주소 (04625) 서울시 중구 퇴계로 212-13 뉴스타파함께센터 2층
전화 02-6956-3665
이메일 yunoo@newstapa.org

ISBN 979-11-989332-4-9(03910)
이 책은 저작권법에 따라 보호받는 저작물이므로 무단 전재와 복제를 금합니다.

일러두기

이 책에 수록한 문서, 사진, 영상, 지도, 도면 등은 한국탐사저널리즘센터-뉴스타파 해외사료수집팀이 미국 국립문서기록청 국립공문서관 2관 등에서 수집한 한국전쟁기 포로와 판문점 사진 및 영상자료에서 선별했습니다.

문서, 사진, 영상 등 모든 자료는 원 소장처 문서 구조를 반영해 출처를 표기했습니다.

이 책에 수록한 영상은 아래 큐알코드를 통해 볼 수 있습니다.
해당 영상은 뉴스타파함께재단이 운영하는 공공 영상아카이브에 있습니다.

https://publicarchive.newstapa.org/

뉴스타파 최초 4K 다큐멘터리 <당신이 보지 못한 한국전쟁> 3화 판문점

목차

프롤로그	08
존재로서의 포로	26
장소로서의 수용소	52
포로 재교육	102
판문점과 포로 협상	156
판문점과 DMZ	220

00

프롤로그

프롤로그

군모를 쓴 젊은 여성들이 뭔가를 목청껏 외치고 있다. 소리는 들리지 않지만, 사진 속에서 나오는 무성無聲의 함성이 귀청을 울리는 듯하다. 격한 감정이 앳된 얼굴 근육에 고스란히 새겨있다. 차창 밖에 내건 현수막에 비장함이 묻어나온다. 언뜻 보면 무슨 글인지 읽기 힘들다. 바람에 날려 뒤집힌 모양이다. 오른쪽에서 왼쪽으로, 거꾸로 읽어나가면

'조선인민군만세'

글씨체를 살펴보면 붓 같은 필기구로 쓴 글자가 아님을 알 수 있다. 혈흔 같은 게 글자 주변에 묻어있어 혈서로 보인다. 우리 현대사의 한 순간에 그대로 멈춰버린 이미지. 이 소리 없는 아우성의 주인공은 누구일까? 이들은 어떻게 이 열차에 타게 됐을까?

오른쪽 사진은 한국전쟁 정전협정 직후인 1953년 8월 6일 미군 상사 나우프트 E. C. Knauft가 촬영했다. 사진의 주인공은 미 군용 열차에 탑승해 북쪽으로 송환되는 조선인민군 간호장교와 간호병이다. 이들은 한국전쟁 당시 여러 전선에서 포로가 됐다가 정전 뒤 북으로 송환됐다.
거제도 포로수용소에서 인천항까지는 미군 함선, 인천항에서 문산역을 거쳐 판문점 송환 지점까지는 미 군용 열차로 이동했다. 이들은 송환 과정에서 노래를 부르거나 구호를 외쳤다. (RG 127-GK, Box 9, A174390, NA2)

▶ '무성의 함성' 사진 뒷면에 기재돼 있는 설명문이다. 1953년 8월 6일, 즉 정전협정 체결 10일 뒤 미 해병 1사단 소속 나우프트 상사가 촬영했다고 적혀있다. 그 아래에 사진에 대한 설명문이 있다. 아래에 원문과 번역문을 함께 싣는다.

"OPERATION BIG SWITCH FREES NORTH KOREAN COMMUNIST WOMEN:
Shown here the women await repatriation aboard a train this side of Freedom Bridge. The women started singing and yelling Communist slogans when they were loaded aboard the train at Inchon, Korea, here seen hours later they are still going strong."

"빅 스위치 작전Operation Big Switch으로 석방된 북한 공산주의 여성들:
이 사진은 자유의 다리 남쪽에서 본 북한 송환을 기다리는 여성들의 모습이다. 이 여성들은 인천에서 기차에 탑승할 때부터 공산주의 구호를 외치고 노래를 부르기 시작했으며, 몇 시간 뒤 이곳에 도착해서도 여전히 계속 구호를 외치고 있다."

▶ 한국군과 주한미군사고문단 합동작전인 '몽구스 작전'(조선인민유격대 토벌작전) 당시 지리산에서 생포한 조선인민군 간호장교를 한국군 수도경비사단 헌병이 심문하고 있다. 간호장교는 수심 가득한 얼굴로 'PRISONER OF WAR'(전쟁포로)라고 적힌 포로 등록 태그를 들고 있다. 1951년 12월 13일 촬영. (RG 111-SC, Box 822, 386449, NA2)

▶ 2부산 포로수용소 10구역의 조선인민군 간호병 포로. 국제적십자사 파견 대표 피에리가 이들을 만나 생활 상태와 건의사항 등을 청취하고 있다. 1951년 11월 23일. (V-P-KPKR-N-00017-12A, ICRC)

▶ 1거제도 포로수용소 잭슨 중위(13헌병지원중대)가 여성 포로 수용동에서 간호병 포로 대표단을 인터뷰하고 있다. 1952년 7월 18일. (RG 111-SC, Box 880, 412207, NA2)

한국전쟁 동안 포로로 잡힌 조선인민군 간호장교와 간호병은 모두 668명이다. 이들은 정전협정 이후 단 한 명도 빠지지 않고 북한 송환을 선택했다. 이들은 '2부산(병원) 포로수용소' 6수용동(2개 천막)에서 아동 25명(영유아 4명 포함)과 함께 집단 수용됐다.

이들 포로는 제네바협약 제14조에 따른 포로 대우와 여성 유엔군 요원 배치를 요구했다. 그러나 송환 직전까지 미군은 포로들의 요구를 들어주지 않았다. 국제적십자사ICRC 한국 파견 대표 피에리와 르니에르는 여성 수용동을 방문해 생활 실태를 파악하고 보고서를 작성해 국제적십자 본부에 전달했다. 이 보고서에서 피에리는 포로의 요구 사항을 수용소 본부가 묵살한다고 보고했다. 이들은 1952년 3월 4일 1거제도 포로수용소로 옮겨져 76수용동 인근 특별 수용동에서 생활했다. 당시 미군은 "여자 수용동은 매우 골칫거리"이며 "악질적"이라고 평가했다. 조선인민군 간호병과 포로들은 송환 전까지 1거제도 포로수용소 64 야전병원에서 보조 간호사 업무를 맡았다.

▶ 1거제도 포로수용소를 떠나 판문점 송환 지점으로 가는 조선인민군 여성 포로. 북으로 돌아가기 위해 거제 고현항 부두에서 인천행 미군 함선에 오르기 전 모습이다. 1953년 8월 8일. (RG 111-SC, Box 927, 432766, NA2)

▶ 미군이 판문점 인근 '돌아오지 않는 다리'에서 폭격 금지를 알리는 애드벌룬을 설치하고 있다. 1953년 4월부터 5월까지 2개월 동안 진행한 부상자 및 병자 포로 교환(리틀 스위치, Little Switch)을 위해 설치했다. 1953년 4월 16일.
(RG 111-CCK, Box 1, C-8431, NA2)

▶ 거제 고현항을 떠나 인천항에 도착한 뒤 미군 송환 열차에 탑승하는 조선인민군 간호장교와 간호병 포로. 대열을 지어 이동하면서 뭔가 외치고 있다. 이들은 'UNITED STATES ARMY(미국 육군)'라고 적힌 송환 열차를 타고 인천항을 출발해 영등포를 거쳐 문산으로 갔다. 1953년 8월 8일. (RG 111-SC, Box 927, 432767, NA2)

▶ 1거제도 포로수용소에서 미군 배를 타고 인천까지 온 뒤 다시 미군 열차에 탄 조선인민군 간호 장교와 병사들은 '혈서 플래카드'를 내걸고, 차창 밖을 향해 구호를 외치고 노래를 불렀다. (RG 127-GK, Box 9, A174390, NA2)

▶ "우리 조국 강토로부터 미제 무력침공자들은 즉시 물러가라!"라는 현수막과 인공기를 들고 구호를 외치는 조선인민군 간호장교와 간호병 포로. 이들은 인천항에서 미군 열차에 탑승할 때부터 '김일성 장군의 노래' 등을 부르고 구호를 외쳤는데, 이는 송환될 때까지 이어졌다. 미군 촬영병 크나우프 상사가 '자유의 다리' 남측에서 이 모습을 촬영했다. 1953년 8월 6일. (RG 127-GK, Box 9, A174390)

조선인민군 포로는 북으로 송환될 때 자신이 적군에 굴복하지 않았음을 적극적으로 보여줘야 했다. 이런 상황이 현수막을 내걸고 노래를 부르는 '퍼포먼스'를 할 수밖에 없도록 만들었다. 북측에 붙잡혔다가 남쪽으로 송환된 한국군 포로도 마찬가지였다. 다른 참전국 포로에게선 볼 수 없는 모습이다. 양측 포로는 수용소에서 지급받은 피복을 송환 때 모두 벗어던지기도 했다. 노래를 부르고 구호를 외친 것도 적극적으로 자신을 증명해 보이는 행위였다.

"나는 변치 않으리라!"

▶ 월미도에서 폭격으로 사망했거나 죽어가는 조선인민군 포로. 1950년 9월 15일. (RG 127-GK, Box 11, A-2745, NA2)

미군 병사 프랭크 커Frank C. Kerr는 한국전쟁 당시 미해병 1사단에 배속돼 인천상륙작전에 참가했다. 그는 1950년 9월 15일 월미도 상륙 직후 조선인민군 포로를 촬영했다. 한국전쟁 때 미군 촬영병이 찍은 포로 모습은 대부분 투항이나 생포 장면, 또는 집단 이송 장면 등이다. 그래서 대부분 이미지가 유사하다. 미군 극동사령부 통신대대가 하달한 촬영 지침 때문이다. 그러나 커의 사진은 예외다. 커는 월미도에서 폭격으로 사망했거나 사망 직전인 포로를 찍었다.

▶ 미군이 소년병 포로들을 생포해 몸수색하는 모습. '배포 금지(Do Not Release)' 도장이 찍혀있다. 소년병의 옷을 벗기고 신체 수색을 하는 모습에서 전쟁의 야만성이 드러난다. 1951년 5월 29일. (RG 127-GK, Box 16, A6872, NA2)

▶ 1976년 3월 12일, 판문점에서 열린 440차 군사정전위원회. 한국전쟁이 멈춘 지 23년이 됐으나 여전히 해결되지 않은 포로 문제가 의제였다. 미 제1통신여단 로널드 시맨이 촬영했다. (RG 111-CCK, Box 3, Panmunjom Conference, NA2)

한국전쟁은 전쟁포로 관련 협상 때문에 길어졌다고 한다. 전쟁포로 문제는 정전회담 처음부터 마지막까지 빠지지 않는 의제였다. 송환되는 양측 포로는 판문점을 통해서 내려오고 올라갔다. 1954년 1월 21일 대만과 중립국 등으로 떠난 포로 88명도 모두 판문점에서 출발했다.

한국전쟁에서 포로란 과연 어떤 존재였는지, 전체 규모는 얼마나 됐는지, 수용 도중 사망한 포로는 몇 명인지, 남과 북 양측이 관리한 포로수용소는 얼마나 있었는지, 포로 교환 협상을 앞두고 미군이 조선인민군과 중국인민지원군 포로를 상대로 실시한 재교육 프로그램은 무엇이었는지, 수용소 내 시위와 폭동, 살상 행위는 왜 일어났는지, '반공포로'와 '악질포로'라는 정치적 용어는 어떻게 만들어졌는지. 송환 프로그램 강요 때문에 발생한 인명피해는 얼마나 되는지, 정전협상 과정에서 송환된 포로와 송환에 반대한 포로는 몇 명인지 등에 답을 찾는 과정은 아직 끝나지 않은(정전 상태인) 한국전쟁의 본질을 이해하는 길잡이다.

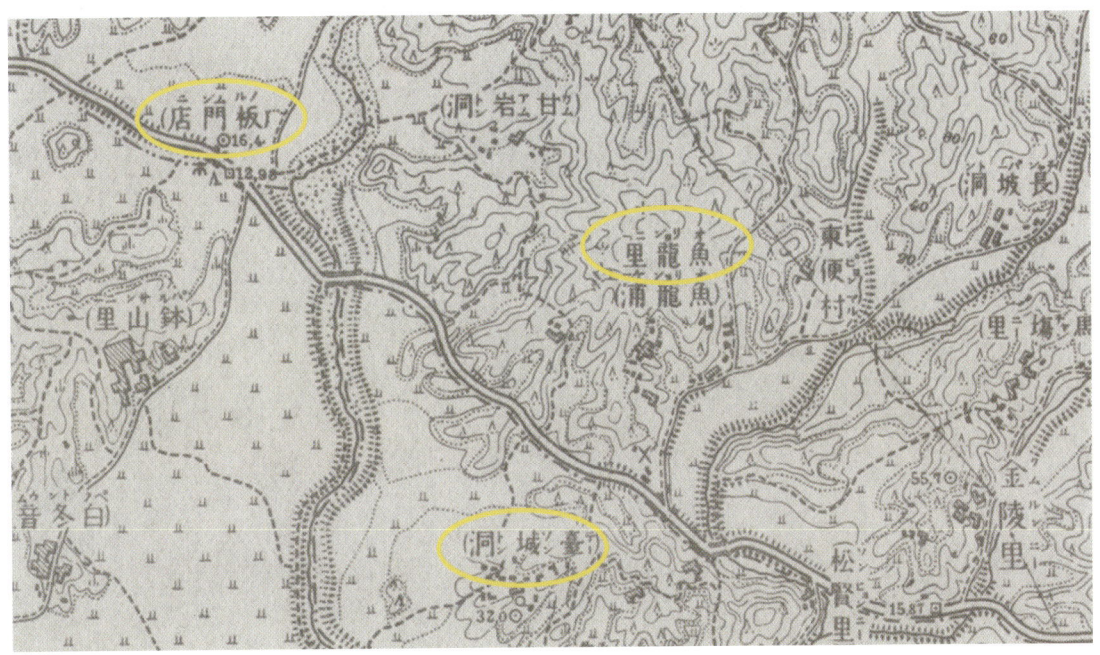

▶ 1938년 작성한 개성 지역 지도. 한국전쟁 정전협상이 열린 개성 시내 내봉장(來鳳莊), 판문점(板門店, 구 정전협정 조인장, 현 평화박물관)과 어룡리(지금의 판문점), 대성동(자유의 마을)이 한 눈에 들어온다. (AMS 96861, NA2)

포로와 판문점은 각각 의제와 장소라는 측면에서 밀접한 관련이 있다. 한국전쟁 때 정전협상 장소는 개성 내봉장(황해북도 개성시 고려동 369번지)과 개성시 평화리 정전협정 조인장(개성 널문리 구 판문점, 37°57'40"N 126°39'51"E) 등이다. 현 판문점은 경기도 파주시 진서면 선적리 359번지에 있다.

〈당신이 보지 못한 한국전쟁: 포로와 판문점〉은 '포로'와 '판문점'을 피사체로 삼은 여러 이미지를 통해 아직 끝나지 않은 한국전쟁의 실상을 되짚어보고자 한다.

01

존재로서의 포로

1. 포로라는 존재

▶ 한국전쟁 당시 조선인민군 포로 이환천(Lee Hwan Chon)의 포로 '기본인적기록(Basic Personnel Record)' 카드다. 미8군 1 부산 포로수용소에서 1950년 11월 21일 작성했다고 써있다. 키는 5피트 10인치, 약 178센티미터이고 몸무게는 150파운드, 약 68 킬로그램이라고 적혀있다. 하단에는 열 손가락 지문이 모두 찍혀있다. (Box 4, A1 1005, RG 389, NA2) 포로 이환천의 운명은 그 뒤 어떻게 됐을까.

```
1. Pvt. Inf.                                    10. 1 Oct. 50
   (Grade and arm or service)                       (Date of capture or arrest)
2. 97 Regt. 1 Bn       (N.K)                    11. Hong Cheon
   (Hostile unit or vessel)                         (Place of capture or arrest)
3. None                                         12. U.S. Army
   (Hostile serial number)                          (Unit or vessel making capture or arresting agency)
4. 3 Jan. 1924  Korea                           13. Farmer
   (Date and country of birth)                      (Occupation)
5. Pyong Nam Kang Dong Gun Won Tan Myon         14. 5 Yrs.
                                Moon Woo Ri
   (Place of permanent residence)                   (Education)
6. Lee Jeong Suk - Wife                         15. Korean
   (Name, relationship of nearest relative¹)        (Knowledge of languages)
7. Same as 5                                    16. Good
   (Address of above)                               (Physical condition at time of capture or arrest)
8. 3 Wife 2 Children                            17. Married
   (Number of dependents and relationship)          (Married or single)
9. Same as 5                                    18. Chun Do Kyo
   (Address of above)                               (Religious preference)

ADDITIONAL DATA:
   Mother: Kim Yong Hwa       Father: Lee
```

Transferred from—	Date depart	Transferred to—	Date received	Official signature of receiving officer	Personal effects not transferred²

REMARKS:

¹ If no relative, name person to be notified in case of emergency.
² If personal effects taken from individual are not transferred, note exceptions and place of storage or depot.

▶ 이환천의 '기본인적기록' 카드 뒷면이다. '보병 이등병'이라는 계급과 '97연대 1대대'라는 소속 부대 정보와 함께 생년월일, 주소, 가족관계 등이 기재됐다. 이환천은 1924년 1월 3일생이고, 주소는 평남 강동군 원탄면 문우리다. 처 이름은 이정숙이고 자녀 2명이 있다. 생포 날짜는 1950년 10월 1일, 생포 지역은 홍천, 종교는 천도교다.

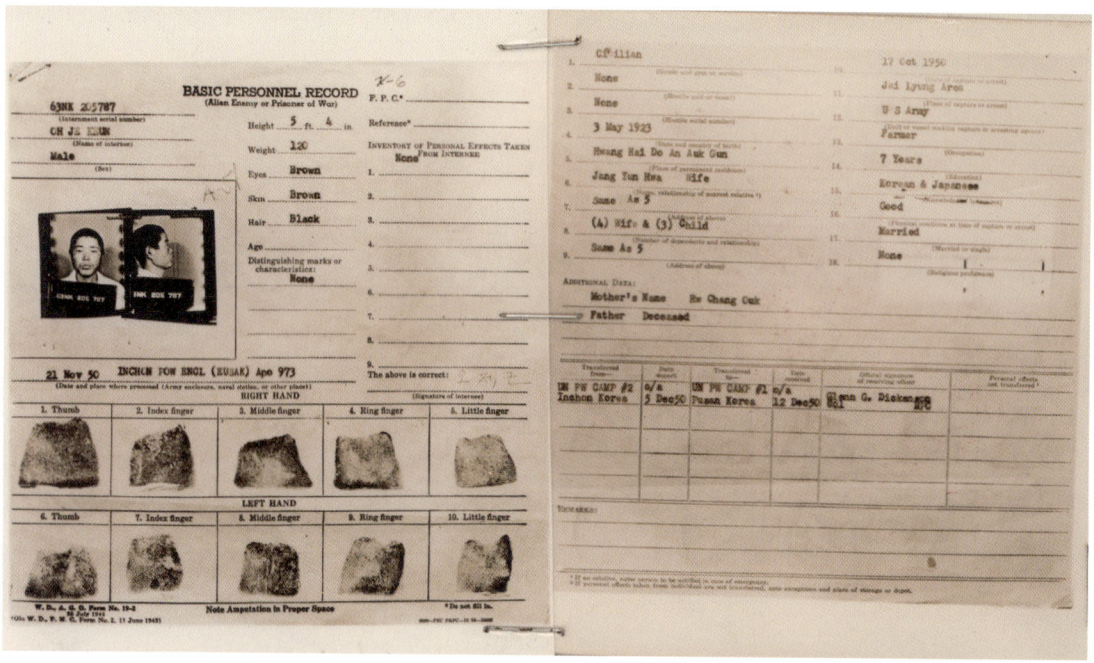

▶ 조선인민군 포로 오제근의 기본인적기록 카드. 역시 뒷면에는 그의 주소(황해도)와 가족 사항(처, 자녀, 부모)이 상세하게 기재돼 있다. 오제근은 1951년 9월 16일 1거제도 포로수용소에서 시위 도중 미군의 강제 진압 과정에서 사망해 거제시 연초면 송정리 포로묘지에 안장됐다. (RG 389, A1 1005, Box 4, NA2)

이환천과 오제근의 전쟁포로 기본인적기록 카드를 보면 앞면에 포로 번호와 성명, 성별, 키, 몸무게 등 기본정보와 사진 및 지문이 있다. 뒷면에는 계급과 소속 부대 및 포획 날짜와 본적 및 주소, 가족 사항이 상세히 쓰여있다. 한국전쟁 당시 유엔군 포로수용소에서 17만여 명이 이런 카드에 등록됐다. 하지만 이 기본인적기록 카드에서 포로 특성을 규정하는 '반공포로' 라든지 '친공포로', '악질포로'라는 단어는 찾아볼 수 없다. 포로를 구분하는 이런 수식어는 언제, 누가, 왜 붙였는지, 한국전쟁기 포로라는 존재는 어떻게 만들어졌는지 살펴보자.

제네바협약 제4조 1항에서 포로는 "군대의 구성원 및 그러한 군대의 일부를 구성하는 민병대 또는 의용대의 구성원"이라고 규정한다. 제3조 1항에서 포로는 "인종, 색, 종교 또는 신앙, 성별, 문벌이나 빈부 또는 기타의 유사한 기준에 근거한 불리한 차별 없이 인도적으로 대우" 해야 한다. 한국전쟁 당시 전쟁 당사국인 미군의 〈육상전쟁법The Law of Land Warfare, FM- 27-10, 1949〉은 제네바협약 4조 1항의 포로 개념을 그대로 따른다.

그러나 미군은 1951년 9월부터 시작한 포로 재교육 과정에서, 반공 이념으로 무장하고 대한반공청년 단에 가입한 포로를 '반공포로'로 분류해 정치화했다. 반공청년단은 북으로 송환을 희망하는 포로를 살해하기도 했다. 미군은 송환포로를 일반적으로 '공산포로' 또는 '친공포로communists PW'라고 불렀다. 강성 공산주의자이거나 시위 또는 폭동을 주도한 포로는 '악질포로(강성포로hard-core PW)'라고 했다. 1거제도 포로수용소 소장 도드 납치 사건에 적극적으로 참여한 포로, 수용소 내 정치단체 리더, 비송환(반공)포로를 폭행 또는 살해한 포로가 여기에 포함됐다.

중국인민지원군 포로 중 송환포로는 '중공군포로', 비송환포로는 '반공의사(반공포로)'라고 지칭했다. 이처럼 한국과 미국, 대만 등에서 중국인민지원군 포로를 본래 의미는 배제하고 사상, 이념적 이미지를 덧칠해 바라봤다. 이승만 정부와 CIA의 공작으로 남한 내 수용소에서 대거 탈출한 비송환(반공)포로에게는 한국 정부가 '애국반공청년포로'라는 이념적이고 국수적인 용어를 붙였다. 이들은 현재도 '반공포로'라는 이름으로 불린다.

▶ 미군이 야전에서 조선인민군 포로를 심문하는 장면 등을 담은 영상이다. 1951년 8월 5일. (KOREAN WAR. TAEGU, 111-ADC-8200) 이 영상은 오른쪽 큐알코드로 시청할 수 있다.

▶ 조선인민군이 연합군 포로를 붙잡아 이송하는 희귀 장면 등을 담은 영상이다. 1950년 7월.
(PRISONERS OF WAR(POWs) IN KOREA, RG 306.6007, NA2) 아래 큐알코드로 시청할 수 있다.

2. 한국전쟁 포로 유형

조선인민군과 중국인민지원군이 억류한 유엔군 측 포로는 한국군을 포함해 모두 11개 국 출신이었다. 한국군은 8~9만 명가량이 포로가 됐다고 추정된다. 한국군 포로는 정규군과 비정규군(학도병 등), 재일 조선인 지원군(민단 소속) 등으로 구성됐다. 이 가운데 송환포로는 모두 7천8백여 명이다. 전체 국군 포로의 10% 정도에 불과하다.

한국군을 뺀 연합군 포로는 13,000~14,000명 정도다. 이 중 미군 포로는 7190명가량인데, 송환포로는 3597명이고 21명은 자국 송환을 거부했다. 나머지는 사망하거나 실종 등으로 생사가 불분명하다.

영연방군은 영국 등 4개국 군인 1100명가량이 포로로 잡혔고, 이 가운데 900여 명이 송환됐다. 이 밖에 터키군도 2백 명 넘게 포로가 됐으나 정전협정 이후 포로 교환 작전 Operation Big Switch 때 대부분 자국으로 송환됐다.

유엔군이 억류한 조선인민군 포로는 약 180,000명으로 추정되는데 이 가운데 7만여 명이 정전협정 이후 조선민주주의인민공화국(북한)으로 송환됐다. 또 7천여 명은 송환을 거부하고 한국에 잔류했고, 76명은 제3의 중립국을 선택했다. 중국인민지원군 포로는 2만1천여 명인데 이 가운데 7천여 명은 중국 본토로 돌아갔고 만 4천여 명은 송환을 거부하고 타이완행을 택했다.

▶ 서울 중앙청 앞에서 조선인민군 병사가 미군 포로들을 감시하고 있다. 1950년 7월. (RG 319_A1 1013-A, Box 1, NA2)

▶ 임시수용소에서 휴식을 취하고 있는 영국군 포로. 1950년 7월. (RG 319_A1 1013-A, Box 1, NA2)

▶ 평양 임시포로수용소에서 터키군 포로들이 기타를 치고 노래를 부르며 오락 시간을 갖고 있다. 1951년 7월.
(RG 319_A1 1013-A, Box 1, NA2)

▶ 서울에서 생포된 한국군 포로들. 1950년 7월 이후 촬영 사진으로 추정. (RG 319_A1 1013-A, Box 1, NA2)

　　조선인민군 포로는 정규군과 연변 조선족, 조선인민유격대(빨치산), 재일조선인(청년방위대) 등으로 구성됐다. 약 18만 명 규모로 추정된다. 중국인민지원군 포로는 중국인민군과 국민당군, 일본관동군 포로 출신 등으로 2만여 명이다. 합해서 20만 명가량이다. 한국전쟁기 유엔군 관할 포로수용소에서 조선인민군과 중국인민지원군 포로를 합해 모두 1만여 명이 질병, 영양실조 등으로 사망하거나, 유혈 충돌 및 시위 진압 과정에서 사망했다.

▶ 미 7사단 헌병과 한국군이 안양 인근에서 조선인민군 포로들의 옷을 벗기고 몸수색을 하고 있다. 1950년 9월 20일. (RG 111-SC, Box 769, 363222, NA2)

▶ 1951년 8월 1거제도 포로수용소에 수용된 여성 포로.
한국전쟁 때 조선인민군 여성 포로는 대부분 간호병이나 간호장교 등이었다. 이들은 정전협정 이후 전원 북으로 송환을 선택했다.
1951년 8월. (V-P-KPKR-N-00002-05, ICRC)

▶ 1거제도 포로수용소에서 여성 포로가 어린아이를 돌보고 있다. 1952년 7월. (맥아더기념관)

▶ 유엔군이 운용한 제주 3모슬포 포로수용소에서 비송환 중국인민지원군 포로들이 소련 스탈린의 전쟁 범죄를 소재로 연극을 하고 있다. 1952년 7월 18일. (RG 111-C-, Box 45, C-9320, 1952.07.18, NA2)

▶ 유엔군 1부산 포로수용소에서 국제적십자사 파견 대표 피에리와 일본 관동군 출신 중국인민지원군 포로 마츠시타 카즈토시(松下一彦)가 담배를 피우며 대화를 나누고 있다. 마츠시타는 중일전쟁 당시 1944년 1월 팔로군(1937년 이후 중국공산당 휘하 독립군, 훗날 중국인민군의 모체)에 붙잡혀 포로가 됐다. 한국전쟁기 유엔군이 포획한 일본군 출신 공산측 포로는 마츠시타가 유일하다. 1951년 11월 24일. (V-P-KPKR-N-00031-15, ICRC)
중국인민지원군에 사로잡힌 유엔군 포로 중에도 쓰쓰이 기요히토(筒井聖仁), 이노우에 준이치(井上準一) 등 구 일본군 출신 미군 군속이 2명 있다.

▶ 한국군 2사단이 대덕산 전투 과정에서 생포한 빨치산 대원이다. 1951년 3월 24일. (육군기록정보관리단)

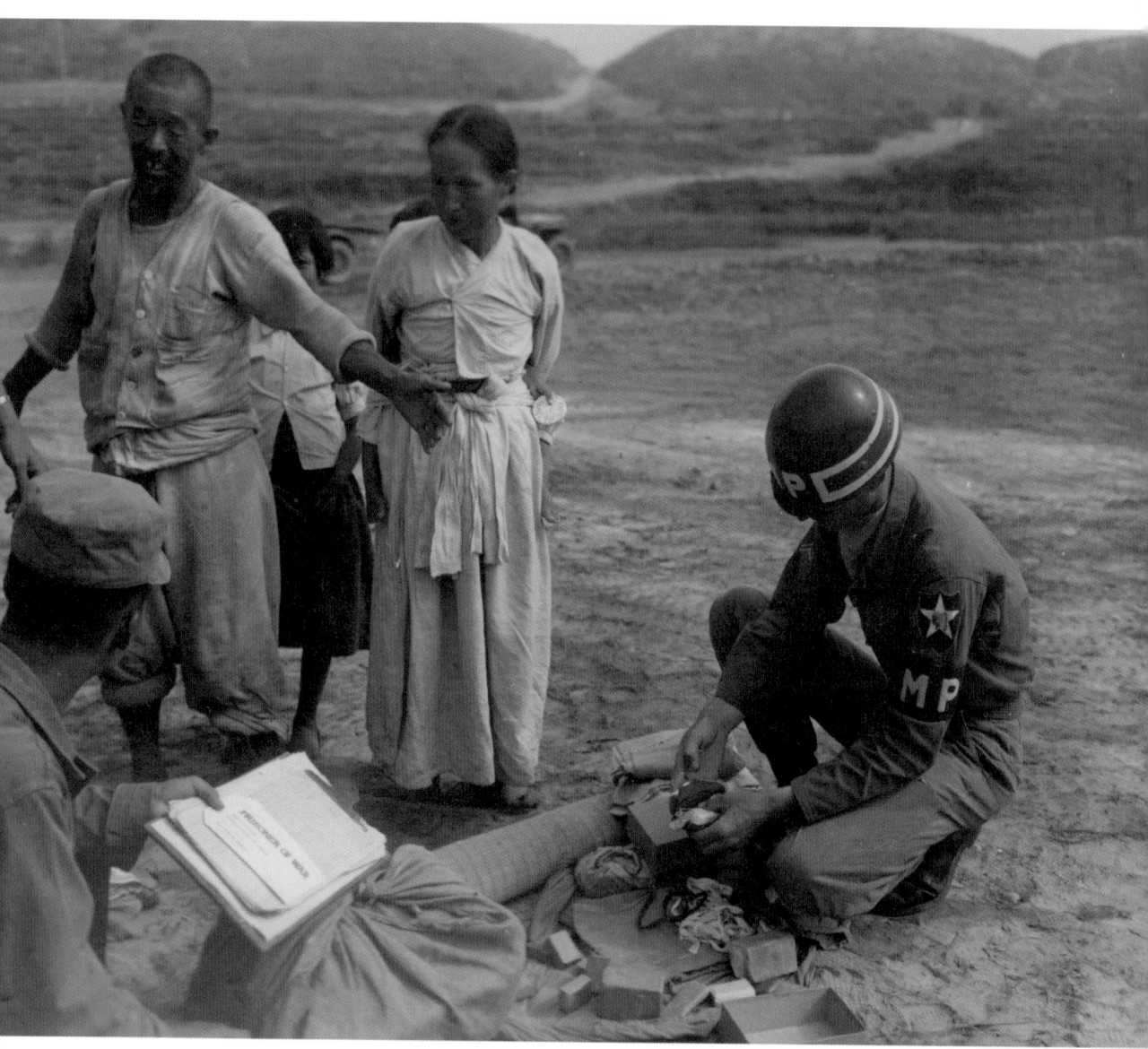

▶ 피난민 가족이 미군 2사단에 붙잡혀 수색당하고 있다. 1951년 7월 19일. (RG 111-SC, Box 794, SC-374367, NA2)

3. 사상 검증, '반공포로'의 탄생

전쟁포로는 제네바협약에 따라 국가, 성별, 계급에 따라 분류해야 하며, 민간인과는 분리된 별도의 수용소에 수용해야 한다. 포로는 처음 집결소에 모인 뒤 임시 포로수용소로 이동하기 전, 신원 확인 절차를 거친다. 이 과정에서 이름, 나이, 국적, 계급, 신체 정보 등을 등록하고, 이를 기록한 식별 태그를 받는다.

이러한 포로 관리 방식은 1943년부터 미군을 포함한 연합군에서 매뉴얼화해 체계적으로 시행했다. 또한 전쟁 당사국은 제네바협약에 따라 포로 명단을 국제적십자사와 상대국에 반드시 통보해야 하는 의무가 있다.

▶ 조선인민군에 붙잡힌 유엔군 포로들이 트럭에 실려 수용소로 이송 중이다. 1950년 7월. (RG 319_A1 1013-A, Box 1, NA2)

전쟁 당사자 한국은 포로작전권 이양(1950.7.8.)과 함께 포로 관리 감독 및 등록 등의 업무를 미군에 전적으로 위임했다. 그러나 1950년 11월 27일부터 한국 포로심사위원회는 방첩대CIC와 협력해 유엔군 1구역수용소(부산)에서 남한 출신 조선인민의용군을 대상으로 사상과 송환 의지 유무를 심문해 이들을 분류하기 시작했다.

▶ 1950년 10월 1일 미군에게 붙잡힌 민간인들이 임시포로수용소(대전형무소)로 이송되고 있다. (V-P-KPKR-N-00040-35A, ICRC)

▶ 미군이 생포한 조선인민군의 몸을 수색하고 있다. 1951년 2월 4일. (V-P-KPKR-N-00033-12A, ICRC)

　　국제적십자사 규정이나 국제협약에는 한국전쟁 때 나온 '반공포로'라는 유형은 존재하지 않는다. 이렇게 포로를 정치적, 사상적으로 분류한 용어는 어떻게 만들어졌을까.

　　한국군은 지리산과 제주도 등지에서 활동한 빨치산 등을 전쟁포로가 아닌 공비나 도배로 인식했다. 빨치산 중에서 조선인민군 복장이면 포로, 민간인 복장이면 공비로 단순 분류했다. 반면 군복을 입지 않았더라도 유엔군 판단에 따라 누구라도 포로가 될 수 있었다.

▶ 국제적십자사 파견 대표 레너(왼쪽에 두 번째)와 파견직원들이 널문리 판문점에서 회담장을 뒤로 하고 걸어오고 있다. 1952년 1월 16일. (V-P-HIST-00885-08, ICRC)

1951년 12월 국제적십자사ICRC 한국 파견 대표 오토 레너Oto Lehner 박사는 한국 정부와 유엔군 사령부에 "조선인민유격대와 조선인민의용군은 제네바협약 3조 '포로 규정'과 4조 2항 '민병대 및 의용군'에 따라 모두 포로로 취급해야 한다"고 통보했다. 그는 또 한국 외무부에 빨치산에 재판 없이 형을 선고하거나 처형하는 행위를 금지해야 한다고 항의했다. 유엔군 사령부 법무감실은 빨치산은 제네바협약 3조와 4조 2항을 적용하기 어렵다고 결론내렸다. 그러나 국제적십자사는 레너의 주장을 받아들여 미군과 유엔군 사령부에 제네바협약 준수를 요구했다.

레너는 1952년 2월부터 7월까지 광주 중앙 포로수용소 3개 구역을 방문하고 "의료 서비스가 심각하게 부족하여 많은 부상 포로가 적절한 치료를 받지 못해 사망했다"고 지적했다. 또한 한국 정부와 유엔군 사령부에서 포로 4만여 명을 민간인으로 분류해 석방한 것도 문제삼았다. 제네바협약은 '일정한 기간 동안 무기를 소지'하고 전투에 참여했다면 모두 포로로 규정한다.

02

장소로서의 수용소

1. 수용소라는 장소

　포로수용소는 단지 전쟁 중 사로잡은 적군을 억류하는 공간이 아니라, 시대에 따라 기능과 성격이 진화한 복합적인 수용 시설이다. 역사적으로 포로수용소의 기원은 매우 오래됐다. 고대에는 형기 없이 포로를 감금하는 장소였다. 근대에 들어서며 전쟁 양상이 대규모로 바뀌자 포로수용소도 점차 제도화되기 시작했다. 예컨대 17세기 베스트팔렌 조약 이후, 기존 감옥을 활용하거나 임시 건물을 지어 포로를 수용하는 방식이 생겼고, 미국 남북전쟁이나 보어전쟁을 계기로 포로수용소는 보다 조직적이고 체계적인 형태를 갖추었다.

　1929년 제네바협약에서 포로 처우에 관한 국제 기준을 정하면서, 포로수용소를 다음과 같이 용도별로 구분하도록 했다.

- 집결소(집합소): 포로를 처음 모으는 장소
- 임시수용소: 이동 중 임시로 머무는 공간
- 수용소: 장기 수용을 위한 주요 시설
- 분소(위성수용소): 정식 수용소의 보조 역할

　이러한 기준은 한국전쟁기 유엔군이 설치한 포로수용소에도 영향을 주었다. 그러나 한국전쟁기 수용소는 단순히 전통적인 포로수용소 개념에 머무르지 않았다. 이 시기의 수용소는 세 가지 성격이 복합적으로 작용했다.

- 일반적인 포로수용소 기능
- 강제 수용소로 억압적 관리 체계

- 나치 독일이 운영한 이른바 '절멸수용소Extermination Camp'에서 나타난 특징까지 일부 차용. 또한 이념적 세뇌, 정보 수집, 전향 프로그램 등 포로 통제 기능

즉, 한국전쟁기 포로수용소는 전통적 포로 억류 시설이라는 기능을 수행하면서, 동시에 이념적 전향과 분류, 선별, 갈등 유발 통치 전략까지 작동하는 복합적이고 정치적인 공간이었다.

▶ 이 영상에는 1951년 8월 5일 1거제도 포로수용소로 이송된 조선인민군 포로가 행진하는 장면이 담겼다. 또 유엔군 제1포로수용소 본부 표지판, 트럭을 타고 이동하는 포로, 수용소 내 목공부에서 활동하는 포로의 모습, 포로들의 운동 경기 장면, 83수용동의 민간정보교육국 현판, 포로 권투 시합 장면 등도 수록됐다.
(GENERAL ACTIVITIES OF POW, RG 111-ADC-9112) 아래 큐알코드에서 영상을 시청할 수 있다.

1929년 제네바협약에 따라 한국전쟁 당시 유엔군 관할 포로수용소를 다음과 같은 유형으로 설치했다. 먼저 전선에서 가까운 곳에 설치한 포로집결소Prisoner of War Collection Point다. 포로를 상대로 전술 심문을 한 뒤 임시수용소로 이송하기 위해 대기시키는 용도다. 이때 포로는 이름과 번호 등을 기재한 태그를 목에 걸었다. 포로집결소는 미 1해병사단이 월미도에, 미 1군단과 10군단이 하양과 조치원에 설치하는 등 군단급 주둔지에 설치했다. 예하 사단이나 연대 본부 주둔지 등에도 필요에 따라 개설했다.

▶ 경남 의령군 부림면 신반리 낙동강 유역 백사장에 설치한 포로집결소. 목에 흰 포로 태그를 단 3명의 포로가 엉성한 철망 안쪽에 앉아있다. 철조망 기둥에 '홈 스위트 홈(Home Sweet Home)'이라는 간판이 걸려있다. 멀리 군용 차량과 경비병이 보인다. 1950년 9월 23일.
(RG 111-SC, Box 736, SC-349353, NA2)

▶ 인천 부평 미군기지 캠프 애스컴에 설치한 임시포로수용소. 맥아더 등 미군 수뇌부가 조선인민군 포로들을 살펴보고 있다. 1950년 9월 16일. (V-P-KPKR-N-00028-21A, ICRC)

임시수용소Transit Camp 또는 PW Cage는 포로를 포로수용소에 이송하기 전 임시로 가둬두기 위한 시설이다. 군 기지나 기존 형무소 등에 설치하거나 임시 건물을 지어 사용했다. 1인천 임시포로수용소(인천소년형무소), 2영등포 임시포로수용소(캠프 영등포), 3대전 임시포로수용소(대전형무소), 캠프 애스컴, 주문진, 원주, 청주 임시포로수용소 등이 있다.

포로수용소PW Camp는 지속적 포로 수용과 관리를 위해 병참기지 또는 비전투지역에 설치한 반영구 시설물이다. 한국전쟁 당시 유엔군이 운용한 포로수용소는 1거제도, 2부산(병원), 1A거제 저구리, 1B용초도, 1C봉암도, 3모슬포(지금의 서귀포시 대정리 일대와 알뜨르비행장 포함), 4영천, 4A대구, 5광주 상무대, 6논산, 7마산, 8제주 정뜨르공항(지금의 제주국제공항 일대), 9서부산, 10애스컴시티(부평) 등이다. 북쪽에는 평양 포로수용소(1950.12. 폐쇄) 등이 있었다. 포로수용소 예하에 분소Branch를 두기도 했다.

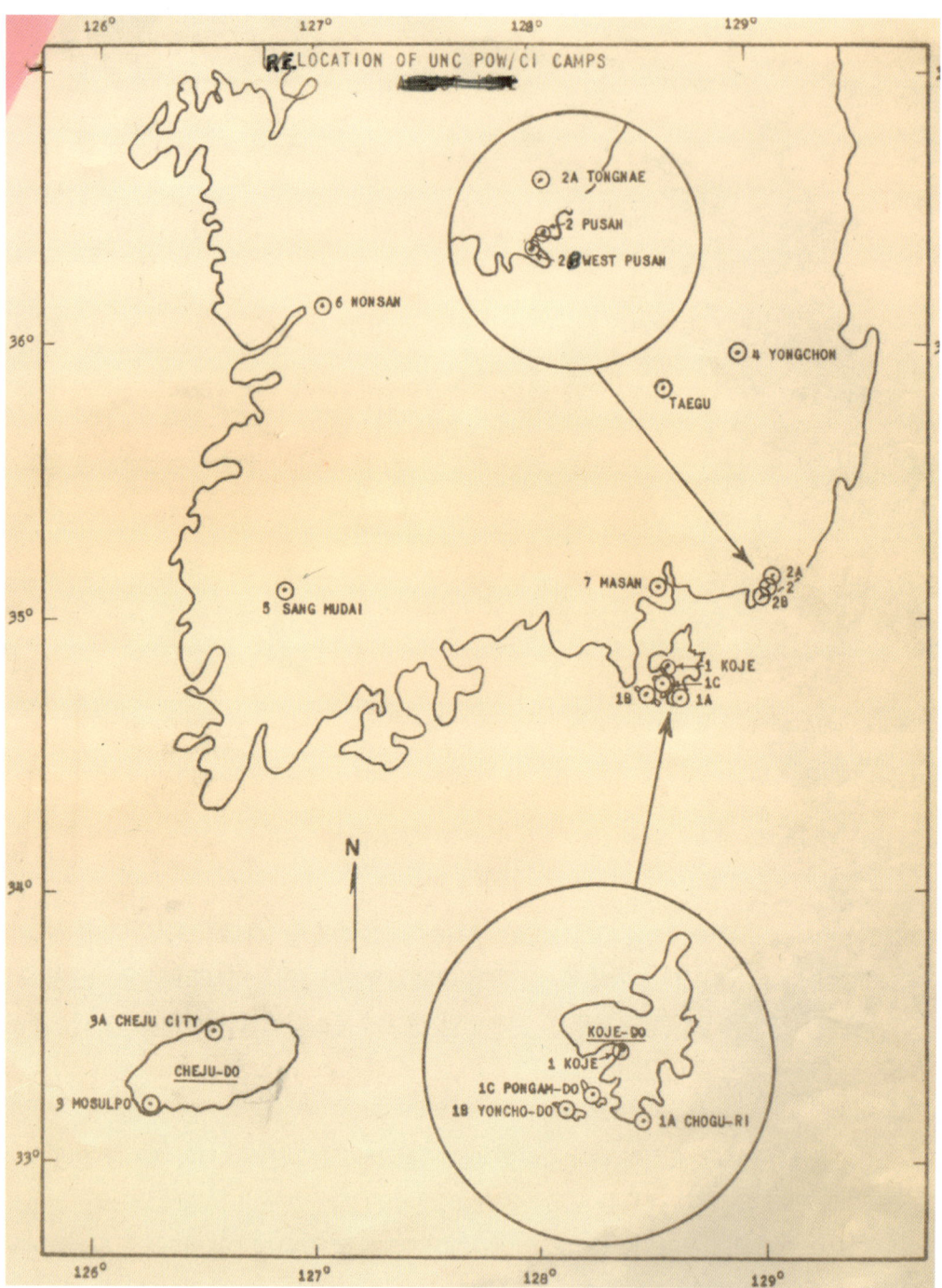

▶ 1952년 4월 마산, 논산, 대구, 영천, 제주도 등지에 신규 포로수용소와 민간인억류자수용소를 건설했다. (RG 338, P 184, Box 6, NA2)

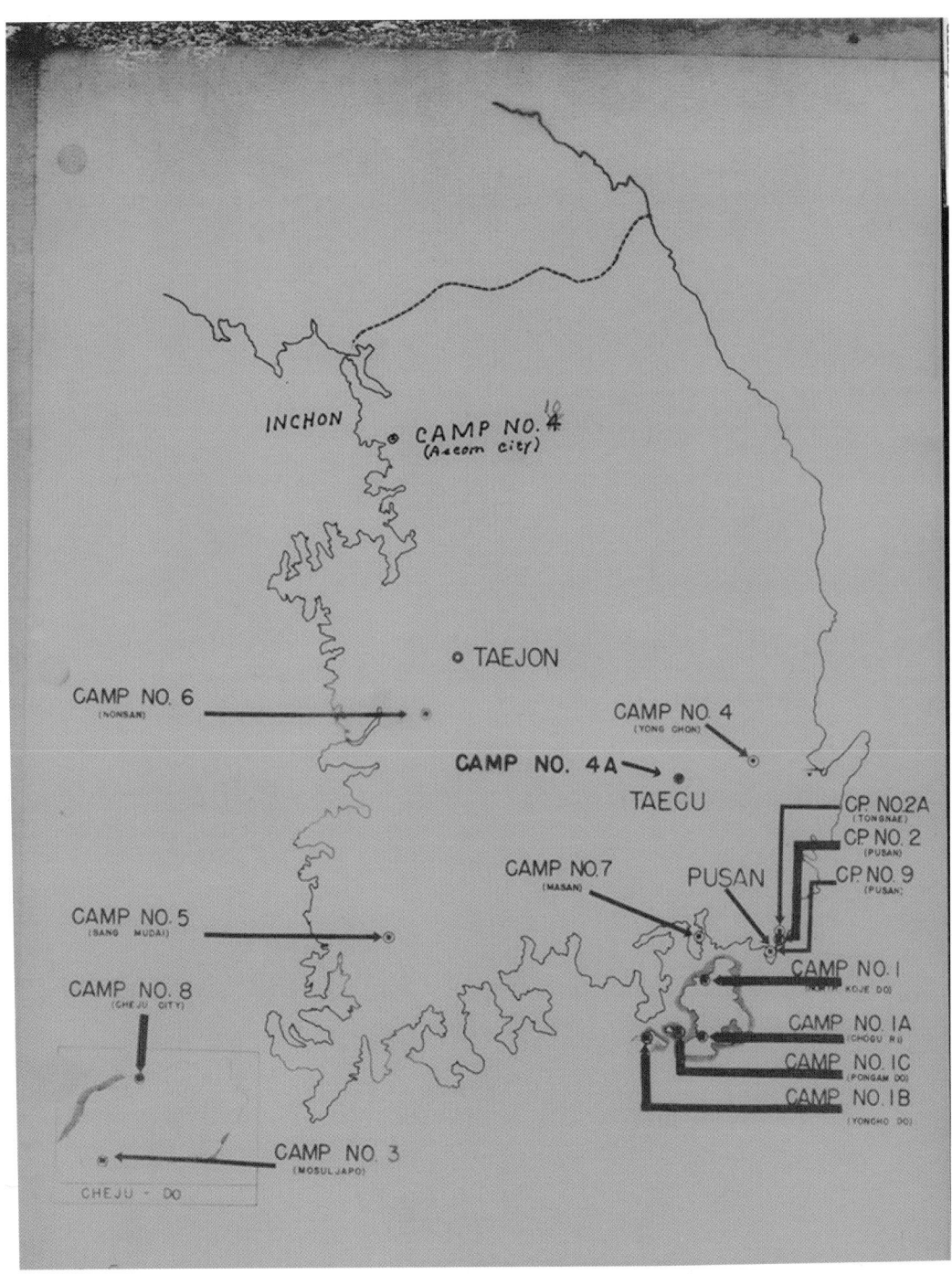

▶ 1953년 3월 유엔군 관할 포로수용소 위치. 한국전쟁 때 유엔군 포로수용소는 부산 거제리에 처음 들어섰고, 마지막으로 설치한 곳은 부평 애스컴시티다. (RG 389, P 10, Box 3, POW Camp, 1953, NA2)

▶ 거제도 수월동 동쪽 계곡 유엔군 1거제도 포로수용소 64야전병원 구역과 70구역 항공 촬영 모습. 1951년 8월 6일. (RG 111-SC, Box 800, 376789, NA2)

▶ 유엔군 1B용초도 포로수용소 1구역 정문. 1953년 8월. (NA2)

▶ 경남 통영시 한산면 추봉도에 설치한 유엔군 1C봉암도 민간인억류자수용소 전경. 1952년. (RG 389, A1 439A, Box 31, POW Camp Layouts and Facilities, Photographs, NA2)

▶ 제주 3모슬포 포로수용소. 뒤로 산방산이 보인다. 1952년. (맥아더기념관)

▶ 4영천 민간인억류자수용소에서 석방할 포로 198명을 소독하고 있다. 1952년 6월 30일. (RG 111-SC, Box 865, 405817, NA2)

▶ 유엔군 4영천 민간인억류자수용소 전경. 1952년 4월 30일. (RG 389, A1 329A, Box 11, 255 Facilities, 1952, NA2)

▶ 유엔군 4A대구 노동수용소에서 탈출 사건이 발생한 이후 미군 경비병이 수용소 정문 경비를 강화하고 있다. 1953년 6월 1일.
(RG 111-SC, Box 930, NA2)

▶ 광주 5상무대 포로수용소 2구역 정문. 1952년. (RG 111-SC, Box 928, 433119, NA2)

▶ 6 논산 포로수용소 1구역 정문. 1953년 3월. (RG 407, NM3-429, Box 6252, NA2)

No. 17

Looking north. Main gate Enclosure No. 1. CI&E education and recreation building shown in background.

▶ 9서부산 포로수용소. 1953년. (RG 111-SC, Box 928, 414738, NA2)

▶ 8 제주시 포로수용소 전경. 현재 제주국제공항이 들어섰다. 1953년 6월 18일. (RG 111-SC, Box 928, 43317, NA2)

2. 포로수용소 입지의 특징

1952년 6월 10일 1거제도 포로수용소 포로사령부가 송환포로를 재배치했다. 거제 남부면 저구, 통영 용초와 봉암(추봉)도에 500명 단위 수용동을 건설했다. 인원 분산 목적보다는 감시를 강화하는 차원이었다. 전쟁이 멈추고 7년이 지난 1960년, 미군은 뒤늦게 당시 신규 수용동을 "건설하지 말아야 할 최악의 수용소"라고 평가했다. 수용소 입지가 급경사 지역이어서 사고 위험이 높다는 평가를 무시하고 건설했기 때문이다.

▶ 1C봉암도 민간인억류자수용소 2구역 원경. 1952년 12월. (RG 389, A1 439A, Box 31, POW Camp Layouts, NA2)

▶ 1952년 12월 14일 정오쯤 1C봉암도 민간인억류자수용소 2구역 F수용동에서 미군 경비병이 소총과 곤봉으로 포로들을 위협했다. 이 때문에 포로들이 돌계단 아래로 밀려 떨어지면서 다수가 압사했다. (RG 389, A1 439A, Box 31, POW Camp Layouts, NA2)

▶ 1C봉암도 수용소 2구역 F수용동 비탈길이다. 1952년 12월 14일 미군의 강제진압으로 포로 87명이 죽고 125명이 다쳤다. 이 참사는 유엔총회 안건으로까지 채택됐다. (RG 389, A1 439A, Box 31, POW Camp Layouts, NA2)

▶ 1C봉암도 수용소 2구역 전경. 경사가 심한 지역에 총 8개 수용동이 들어섰다. (RG 389, A1 439A, Box 31, POW Camp Layouts, NA2)

▶ 1C봉암도 민간인억류자수용소 1구역 전경. 2구역과 동일하게 산비탈에 수용동을 설치했다. 경사가 매우 심하다.
(RG 389, A1 439A, Box 31, POW Camp Layouts, NA2)

▶ 1B용초도 포로수용소 분소 3구역 전경. 수용동이 산과 해안 절벽으로 둘러싸여 완전히 고립됐다. 1953년 3월 10일.
(RG 389, A1 439A, Box 31, POW Camp Layouts, NA2)

▶ 1B용초도 포로수용소 3구역 E수용동 전경이다. 비탈진 터에 계단식 수용동이 들어섰다. 1952년 10월. (NA2)

▶ 1B용초도 수용소 1구역 A수용동(왼쪽 상단)과 C수용동(오른쪽 상단). 모두 경사진 땅에 계단식으로 건물이 들어섰다. 1953년 3월 7일, 미군의 포로 진압 과정에서 23명의 포로가 사망하고 42명이 부상당했다. 1953년 3월 10일.

(RG 389, A1 439A, Box 31, POW Camp Layouts, NA2)

▶ 1B용초도 수용소 1구역 전경. 바닷가 쪽으로 보급 구역과 선착장이 있다. 1953년 3월 10일.
(RG 389, A1 439A, Box 31, POW Camp Layouts, NA2)

▶ 1거제도 포로수용소 분소인 1A저구리 포로수용소. 8개 수용동 중 6곳이 산비탈에 건설됐다. 1953년.
(RG 389, A1 439A, Box 31, POW Camp Layouts, NA2)

　1거제도 포로수용소 14구역 수용동은 지금의 거제시 고현동 일대에 들어섰다. 기존의 논과 밭, 민가를 밀고 10만 명 규모의 평지에 건설했다. 주변에 9개의 저수지를 만들었다. 경비탑과 경비대 막사는 대부분 산비탈 위쪽에 지어 수용동을 내려다보게 했다.

▶ 1거제도 포로수용소 14구역(수월동) 수용동 전경. 1953년. (RG 389, A1 439A, Box 31, POW Camp Layouts, NA2)

▶ 1거제도 포로수용소 3구역(고현동) 수용동 전경. (RG 389, A1 439A, Box 31, POW Camp Layouts, NA2)

▶ 1거제도 포로수용소 양정 저수지. (RG 389, A1 439A, Box 31, POW Camp Layouts, NA2)

▶ 1거제도 포로수용소 병참구역. (RG 389, A1 439A, Box 31, POW Camp Layouts, NA2)

▶ 1거제도 포로수용소 최고경비구역(일명 최고감옥, 오른쪽 하단). 시위 주동자나 전쟁범죄 혐의자 등을 격리 수용한 곳이다. 1거제도 포로수용소 소장 도드 납치를 주도한 포로도 이곳에 수용했다. 1953년. (RG 389, A1 439A, Box 31, POW Camp Layouts, NA2)

▶ 1거제도 포로수용소 석유 저장 구역과 부두. 1953년. (RG 389, A1 439A, Box 31, POW Camp Layouts, NA2)

▶ 1거제도 포로수용소 64야전병원 구역. (RG 389, A1 439A, Box 31, POW Camp Layouts, NA2)

3, 북한 지역 포로수용소

조선인민군과 중국인민지원군이 관할한 포로수용소는 운영 목적에 따라 크게 3가지 유형으로 나눌 수 있다.

이른바 평화수용소Peace Camps는 자발적으로 공산주의 이념에 전향한 유엔군 포로 등을 수용했다. 비교적 자유로운 활동을 허용했다. 교화수용소Reform Camps는 반공주의 포로를 설득하고 전향을 유도하기 위한 목적으로 운영하며 포로 재교육을 집중 실시했다. 일반수용소는 전향 여부와 무관하게 포로를 수용했다. 강동수용소, 벽동수용소 등이 대표적이다.

▶ 북한 지역 포로수용소 위치를 표시한 지도다. 주로 평양 부근과 중국 국경 지역에 포로수용소가 배치됐다. (RG 338, A1 224, Box 1663, Maps of NKA, NA2)

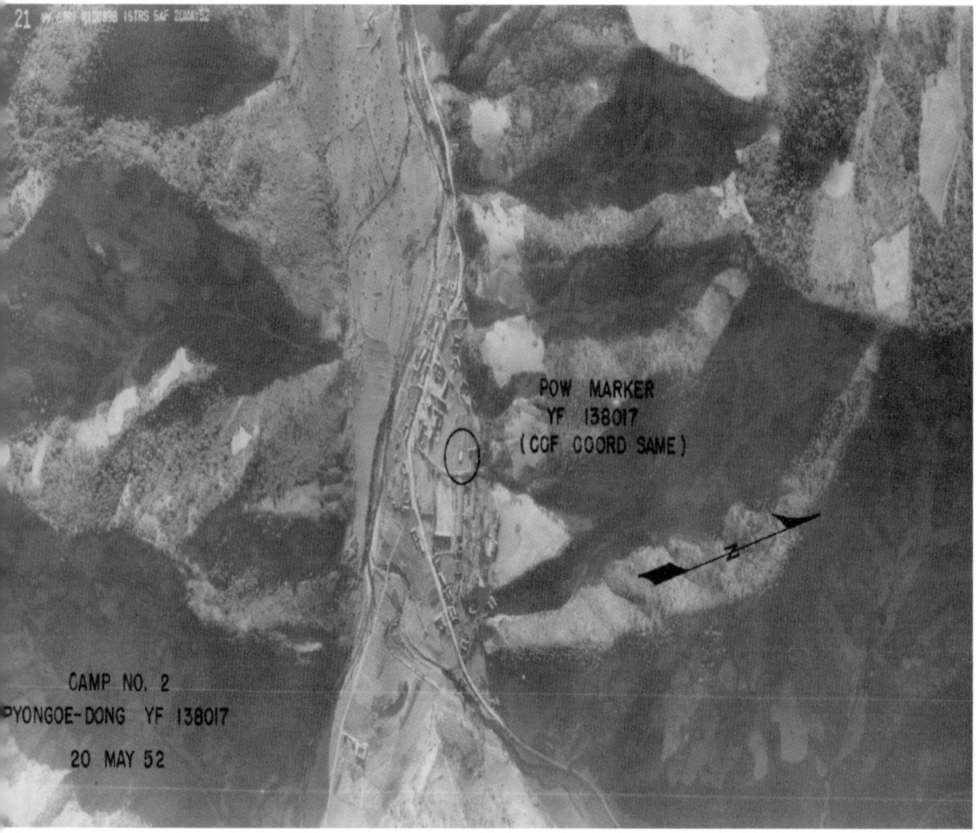

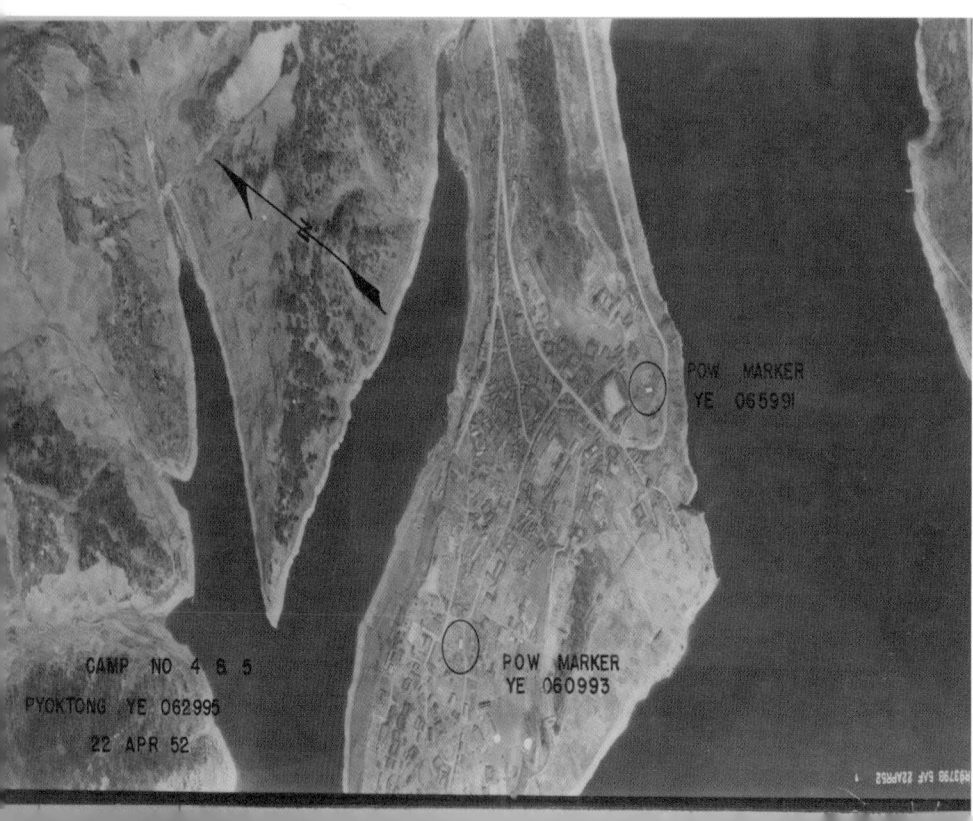

▶ 강원도 평강군 2 평강 포로수용소 항공사진. 1952년 5월 20일. (RG 342-FH, Box 3045, NASM 4A 35452, NA2)

▶ 평북 벽동군 3, 4 벽동 포로수용소 항공사진. 1952년 4월 22일. (RG 342-FH, Box 3045, NASM 4A 35450, NA2)

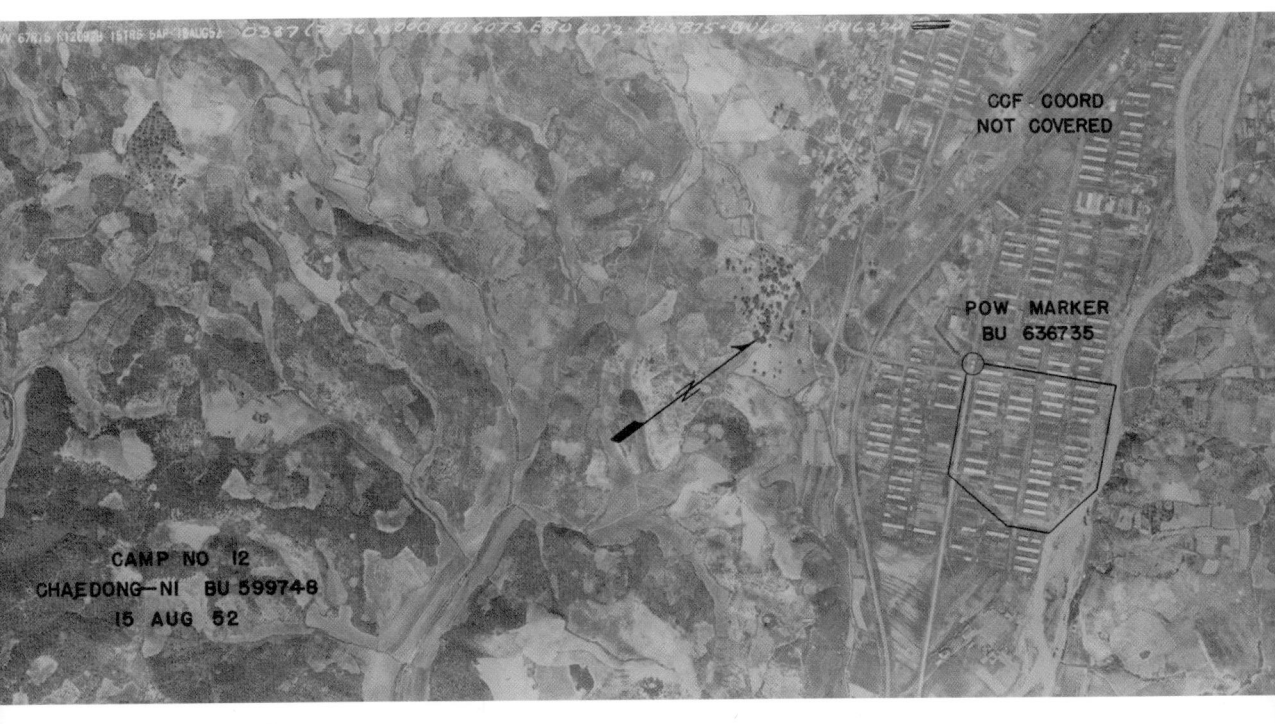

▶ 양강도 12차동리 포로수용소 항공사진. 1952년 8월 15일. (RG 342-FH, Box 3045, NASM 4A 35445, NA2)

▶ 조선인민군 관할 1창성 포로수용소에서 미군 포로들이 벽에 붙인 가족사진을 보고 있다. 1952년 2월 14일.
(RG 554 A1 202, Box 2, Frank Noel PW Pictures, Feb 24, 1952, NA2)

▶ 평양 인근 포로수용소에서 미군 포로가 체스 게임을 하고 있다. 1951년 10월 4일. (RG 554 A1 202, Box 2, Prisoner of War Information, NA2)

4. 지옥도

▶ 유엔군 2부산 포로수용소 전경. 1952년. (RG 389, A1 439A, Box 31, POW Camp Layouts and Facilities, Photographs, 1952, NA2)

1950년 7월 12일 부산에 정식 수용소가 처음으로 들어섰다. 미8군 부산기지사령부 1부산 포로구역(대연동 부산수산대)이다. 이어 2포로구역(장산 서북쪽 경사면, 1950.10.27. 개소), 3포로구역(금련산 동쪽 경사면, 1950.11.11.), 4포로구역(진구 가야리, 1950.12.), 5포로구역(수영구 광안4동 옛 인쇄창, 1950.10.25.)을 차례로 개설했다.

1950년 7월 29일 조선인민군 포로 34명을 처음으로 수용했다. 또 2부산 포로수용소 병원별관(2A부산 포로수용소)을 비롯한 1과 64야전병원, 8054후송병원, 스웨덴 야전병원 등을 포로수용소 주변에 배치했다. 1951년 1.4후퇴를 전후해 평양 포로수용소, 영등포와 인천 등 수도권 임시포로수용소에 있던 포로를 모두 부산으로 이송했다.

▶ 부산 거제리 2병참사령부 소속 유엔군 1포로구역수용소 3과 14야전병원 전경. 1952년 1월 7일. (RG 111-SC, Box 826, 388495, NA2)

▶ 유엔군 1거제도 포로수용소 6구역 전경. 1952년 9월. (Haydon L. Boatner Papers, envelope B)

1950년 12월 미8군과 2병참사령부는 거제도와 제주도 일대를 정찰한 뒤 물류와 급수 등을 고려해 거제도에 유엔군 1거제도 포로수용소를 건설하기로 했다. 현 거제시 고현동과 수월동 일대에 1거제도 포로수용소 60종합창(2병참사령부), 6구역수용소 8개 수용동, 7구역수용소 7개 수용동, 8구역수용소 6개 수용동, 9구역수용소 7개 수용동, 602구역수용소 7개 수용동을 배치하고, 경비행장과 보급 및 군수창, 64야전병원 등을 개설했다.

▶ 1거제도 포로수용소 전경. 신임 헤이든 보트너 수용소장은 수용소 각 구역에 삼중 철조망을 설치해 경비를 강화했다. 1거제도 포로수용소 재배치 작전의 일환이다. 1952년 7월 18일. (RG 111-CCK, Box 1, C-928, NA2)

▶ 유엔군 1A거제 저구리 포로수용소 분소 전경. 1952년 11월. (Haydon L. Boatner Papers, envelope B)

한국전쟁기 포로수용소를 지형으로 분류하면 평지에 위치한 곳은 부산, 제주, 마산, 영천, 대구, 광주 상무대, 광주 중앙, 부평 애스컴시티 등이다. 평지와 산지 복합 형태는 거제, 거제 남부면 저구, 통영 용초도(지금의 용호도)와 봉암도(지금의 추봉도), 논산 등이다. 부평, 대구, 광주 상무대, 논산(제2훈련소), 영등포 등은 미군 군사기지 안에 위치했다.

훗날 미군은 거제와 통영 두 섬에 설치한 수용소가 최악의 수용소였다고 평가했다. 지형적 측면도 있지만 각종 충돌과 사건사고로 인명 피해가 끊이지 않았기 때문이다.

▶ 유엔군 1B용초도 포로수용소 3구역 전경. 1952년 11월. (Haydon L. Boatner Papers, envelope B)

▶ 유엔군 1C봉암도(현 추봉도) 민간인억류자수용소 전경. 1952년 11월. (Haydon L. Boatner Papers, envelope B)

　한국군과 미군사고문단은 1951년 12월부터 1954년 9월까지 지리산, 소백산, 가야산, 제주 등지에서 조선인민유격대, 이른바 빨치산 토벌작전을 전개했다. 이 과정에서 생긴 포로는 전부 한국군과 미군 정보참모부가 조사했다. 광주 중앙 포로수용소에서 빨치산 포로를 주로 수용했다.

▶ 광주 중앙 포로수용소(현 광주시 동구 학동 광주전남병무청) 전경. 한 병사가 정문 앞에서 보초를 서고 있다. 오른쪽 초소에 '수위소'라는 간판이 붙어있다. 1952년 1월 24일. (RG 111-SC, Box, SC-405961, NA2)

1952년 7월부터 1953년 8월 4일까지, 전라남도 신안군 용초도에는 유엔군이 조선인민군 장교 포로를 수용하기 위해 설치한 1B 포로수용소 분소가 운영되고 있었다. 그러나 1953년 7월 정전협정 체결 이후, 이곳은 전혀 다른 목적의 수용소로 바뀐다. 1953년 8월 5일부터 용초도 수용소는 북한의 포로수용소에서 송환된 한국군 포로들을 수용하고 심문·재교육하는 '국군 귀환집결소'로 전환됐다. 그러나 수용 대상만 바뀌었을 뿐, 억압적인 성격은 크게 달라지지 않았다. 그해 9월부터 12월까지 한국군과 미군 방첩대, 정보기관 요원이 귀환한 한국군 포로 약 1700명을 두 차례에 걸쳐 조사했다. 이 과정에서 강도 높은 반공 사상 교육과 세뇌 프로그램을 병행했다. 심문 결과 약 260명은 간첩 혐의 등으로 현장에서 즉결처분됐고, 일부는 군사재판에 회부됐다. 살아남은 귀환 포로들은 이곳을 '지옥도^{地獄島}'라 불렀다.

▶ 1953년 12월 통영시 한산면 용호도에 설치한 국군 귀환집결소 전경. 이전에는 조선인민군 장교 포로를 수용한 유엔군 1B용초도 포로수용소 분소였다. 귀환 국군 포로가 심문과 세뇌교육 과정에서 무더기로 즉결처분됐다.

(RG 554, A-1 1318, Boc 8, Report of Operation Processing OP SWAP, 1953, NA2)

▶ 한국군과 미군 방첩대는 정전협정 이후 귀환한 한국군 포로 1700여 명을 심문하고 세뇌 교육을 진행하는 과정에서 260명을 즉결처분했다. 이 섬에서 살아남은 국군 포로는 이곳을 '지옥도'라고 불렀다.

(RG 554, A-1 1318, Boc 8, Report of Operation Processing OP SWAP, 1953, NA2)

03

포로 재교육

1. 포로 재교육 프로그램

▶ 한국전쟁이 발발한 지 1년이 지난 1951년 8월 초순, 유엔군 관할 포로수용소 일상과 포로 재교육 프로그램을 담은 홍보 영상이다. (ACTIVITIES OF POWS, RG 111-ADC-9549, NA2) 아래 큐알코드로 시청할 수 있다.

한국전쟁이 발발하자, 미국은 전쟁포로를 단순히 억류하는 수준을 넘어서 심리전 전략의 자원으로 활용하기 위한 계획을 세웠다. 1950년 미 국무부와 심리전략위원회PSB는 유엔군이 억류한 조선인민군 포로들을 재심사하고 선별·재배치하는 심리전 프로그램을 기획했다. 이 계획은 전쟁포로 송환이라는 국제적 원칙을 무시한 채, 미국 국가안전보장이사회NSC가 승인했다.

1950년 9월 11일 채택된 'NSC 81/1' 문건은 다음과 같이 명시한다.
"포로수용소 내 전쟁포로의 처우는 심리전 목적에 따라 활용, 훈련, 이용하는 방향으로 이뤄져야 한다."

이는 명백히 제네바협약 정신을 위반한 조치였다. 실제로 같은 해 11월 10일, 미 합동참모본부JCS는 포로를 심리전 목적에 사용할 경우 제네바협약 50조와 야전교범 FM 27-10 제36항에 위배된다고 인정한 바 있다. 그럼에도 불구하고, 유엔군은 1950년 11월부터 12월까지 영등포 임시포로수용소에서 조선인민군 포로 500명을 대상으로 시범적으로 재교육 프로그램을 시행했다. 이 시도는 곧 전황 악화로 인해 포로가 인천항을 거쳐 부산으로 이동하면서 일시 중단되었지만, 1951년 4월부터 준비를 재개하여 6월부터 다시 본격 운영되었다. 이 포로 재교육 프로그램에는 군 관계자만이 아니라, 미군 심리전 담당자, 심리학자, 사회학자 등 전문가가 참여했다.

교육 내용은 반공주의, 미국식 자유민주주의 체제의 우월성, 개인의 자유 강조 등을 중심으로 구성했고, 실제로는 일방적인 세뇌와 정치 교화에 가까운 과정이었다. 한국전쟁기 유엔군의 포로 재교육은 단지 전쟁포로를 관리하는 차원을 넘어, 이념전과 심리전을 위한 실험장이자 정치적 도구로 활용한 셈이다.

▶ 거제 포로수용소에서 포로 재교육 프로그램 담당자인 몬타나 오스본 국장(왼쪽)과 오브라이언 부장이 대화하고 있다. 1951년 10월 25일.
(RG 111-SC, Box 813, SC 382922, NA2)

▶ 1거제도 포로수용소 민간 정보교육국(CI&E) 장교와 민간 요원들. 1951년 10월 25일. (RG 111-SC, Box 813, SC 382923, NA2)

▶ 1거제도 포로수용소 7구역 77수용동(조선인민군 포로 수용)에서 민간정보교육국 한국인 요원이 포로에게 문해 교육을 하고 있다. 1951년 10월 3일. (RG 111-SC, Box 812, 382438, NA2)

▶ 광주 중앙 포로수용소에서 윤희덕 중위가 재교육 프로그램을 진행하고 있다. 1952년 1월 25일. (RG 111-SC, Box 866, 405963, NA2)

　포로수용소 재교육 프로그램의 핵심 목표는 조선인민의용군 및 조선인민군 포로를 '반공주의자'로 만들어내는 것이었다. 특히 북한 송환을 희망하는 포로를 설득해 남한에 잔류시키는 작업에 주력했다. 또 수용소 내 반공포로 세력이 '친공 포로 지도부'가 장악한 수용동을 전복하는 일종의 쿠데타를 배후 조종했다. 이를 위해 포로간 갈등과 살인 폭력을 유발했다. 이런 상황에 반발해 포로들은 재교육 프로그램 반대 시위와 집단 항의에 나섰지만, 수용소 당국과 한국 정부는 이들을 '악질포로', '북한 지령에 따른 폭도'로 몰아 탄압했다.
　한국전쟁 당시 포로수용소에 침투해 각종 공작 활동을 수행한 방첩대CIC 요원 김선호 대위는 훗날 다음과 같은 평가를 남겼다.
　"미군은 포로 수용소 운영 초기에, 이미 공산주의 세뇌를 받은 포로를 효과적으로 통제하지 못했고, 과감한 조치도 취하지 않았다. 강경 공산주의자들을 분리 수용하지도 않았고, 반공 지도자 포로에게도 제대로 된 지원이 없었다."
　이러한 초기 운영 실패에 대한 평가를 토대 곧 반공 포로 중심의 수용동 확대와 조직적 지원책이 마련됐고, 이 흐름 속에서 수용소 내에 '대한반공청년단'이라는 반공 조직이 형성되고 체계화됐다.

▶ 1거제도 포로수용소 9구역 94수용동에서 민간정보교육국(CI&E) 요원이 교사 준비 회의에 참석한 포로에게 강연을 하고 있다. 1951년 10월 4일. (RG 111-SC, Box 812, 382436, NA2)

▶ 1거제도 포로수용소 8구역 85수용동에서 민간정보교육국(CI&E) 한국인 요원과, 포로 중에서 선발한 보조 교사들이 회의를 하고 있다. 벽에 조지 워싱턴과 에이브러햄 링컨 초상화가 걸려있다. 1952년 2월 20일. (P.I.O, Box 2, PI-127 7, RG 554, NA2)

민간정보교육국CI&E은 포로와 민간인억류자 가운데 반공주의 정도와 교육 수준 등을 고려해 보조교사를 선발했다. 보조교사로 선발된 포로는 교육을 받은 뒤 포로 재교육을 보조하는 교사 역할을 했다. 강의 교재는 한국어판과 중국어판이 있었다. 미군 심리전 전문가 및 미국 교육 전문가, 심리학자가 교본을 집필했고, 한국어 버전은 한국인 전문요원이 번역해서 인쇄했다.

▶ 1거제도 포로수용소에서 민간정보교육국(CI&E) 요원이 모여 회의를 하고 있다. 1952년 5월 6일.
(P.I.O, Box 2, PI-127 7, RG 554, NA2)

2. 세뇌와 사상 개조

　포로 재교육 프로그램은 다양한 형태로 구성됐다. 오리엔테이션, 라디오 방송, 문해 교육, 직업 훈련, 농업 교육, 체육 교육, 보건 교육, 독서반, 여가 및 레크리에이션 활동, 예술 및 음악과 연극 활동, 신문 및 포스터 제작 활동, 도서관 및 전시 등이다.
　1951년 6월 1일, 한 개 수용동compound에서 시범 시작한 프로그램은 점차 대상을 넓혀 26개 포로구역에서 약 150,000명의 포로를 대상으로 실시했다. 초기에는 포로 한 명당 주당 평균 6시간을 교육하다가 주당 23시간까지 확대했다.

　중국인민지원군 포로는 문맹자가 70%에 육박했다. 따라서 민간정보교육국은 대만에서 심리전 장교를 파견받아 포로 문해력 강화와 반공주의로 사상 개조 등을 목표로 프로그램을 진행했다. 특이하게 일본을 우호적으로 보게 하는 프로그램도 있었다. 일본의 정부 개혁, 교육 제도 개선, 토지 개혁, 재벌 해체, 정보 매체 발전, 평화 조약 등을 부각해 일본의 성과를 강조하고 점령 정책에 대한 비판을 배제하며, 전체적으로 건설적인 접근을 유지하는 방향이었다.

　확성기를 통한 라디오 방송, 문맹자를 위한 중국어 및 한국어 교육, 미공보원USIS이 제작한 '주간세계뉴스', 영상뉴스인 '리버티뉴스' 및 각종 삐라와 포스터, 반공 뮤지컬과 악단 공연, 수용동 신문Compound News, 주간생활, 주간희망, 문화신문, 주간새길 등 간행물을 활용했다. 직업 교육과 운동경기 등도 병행했다. 운동 프로그램으로 수용소 올림픽, 수용동 올림픽 등이 있었다.

▶ 1거제도 포로수용소 민간정보교육국(CI&E) 라디오 엔지니어 밥 애쉬(Bob G. Ash)와 라디오 방송 감독관 로버트 하드윅(Robert L. Hardwick)이 확성기를 이용한 라디오 방송을 준비하고 있다. 1951년 10월 4일. (RG 111-SC, Box 812, SC-382452, NA2)

```
        23 December 1951
            KOREAN
      CI&E RADIO BROADCAST
     Sunday, 23 December 1951

0630 - 0645  Morning News              Local live program
0645 - 0655  Music of the United Nations  HLKA, Pusan
0655 - 0700  Thought for the Day       Local live program

1200 - 1215  Serenade to Industry      HLKA, Pusan
1215 - 1230  Weekly Review of CIE Program  Local live program

1800 - 1815  CIE Record Program        Local disc program
1815 - 1820  Evening News              Local live program
1820 - 1830  Your Story Grandmother    HLKA, Pusan
1830 - 1845  Magazine Digest           Local live program
1845 - 1855  Music Disc Program        Local disc program
1855 - 1900  At the Close of the Day   Local live program
```

▶ 1거제도 포로수용소 민간정보교육국(CI&E)이 조선인민군 포로를 대상으로 실시한 1951년 12월 23일(일요일) 자 라디오프로그램 편성표다. (RG 554, A1 103, Box 4, Weekly Rcts, Radio, 1951, NA2)

위 편성표에 따르면 한국어 라디오 방송은 오전 6시반부터 저녁 7시까지 이어졌다. 조선인민군과 중국인민지원군 포로를 대상으로 한국어와 중국어 방송이 각각 실시되었다. 자세한 프로그램 내용은 다음과 같다.

시간	프로그램명	비고
06:30~06:45	아침 뉴스	거제도 포로수용소 생방송
06:45~06:55	유엔 음악	KBS 라디오 방송(호출 부호 HILKA), 부산
06:55~07:00	오늘의 명상	거제도 포로수용소 생방송
12:00~12:15	산업 세레나데	KBS 라디오 방송(호출 부호 HILKA), 부산
12:15~12:30	CI&E 주간 리뷰	거제도 포로수용소 생방송
18:00~18:15	CI&E 자체 녹음 프로그램	거제도 포로수용소 디스크 방송
18:15~18:20	저녁 뉴스	거제도 포로수용소 생방송
18:20~18:30	할머니의 이야기	KBS 라디오 방송(호출 부호 HILKA), 부산
18:30~18:45	매거진 다이제스트	거제도 포로수용소 생방송
18:45~18:55	음악 디스크 프로그램	거제도 포로수용소 디스크 방송
18:55~19:00	하루를 마무리하며	거제도 포로수용소 생방송

수용소 방송 중 뉴스는 주로 전쟁 상황과 반공주의를 전파하는 선전물이었다. 음악은 클래식과 미국 포크송을 주로 틀었다.

라디오 방송은 송환포로에게 인기를 끌지 못했고 오히려 큰 반감을 사는 경우가 많았다. 1951년 8월 20일 방송에서 일본어 교차 통역으로 "행복한 작은 차 가게"라는 프로그램이 나갔다. 포로들은 일본어 방송에 거세게 항의했고, 결국 수용소 측은 일본어 방송을 중단했다. '민간정보교육국CI&E 주간 리뷰'나 '매거진 다이제스트' 프로그램은 미공보원에서 제작한 〈세계주보〉나 〈주간신보 자유세계〉 등을 낭독하는 형식이었는데, 역시 송환포로의 반감을 샀다.

▶ 1951년 8월 4일 〈세계주보〉(163호)와 195년 8월 17일 〈주간신보 자유세계〉(25호), 1951년 8월 18일 〈세계소식〉(293호) 1면이다. 모두 주한 미공보원(USIS)이 제작한 전선판 선전 소식지이다. (RG 554, A1 108, Box 1, Broadcast Reports, 1951, NA2)

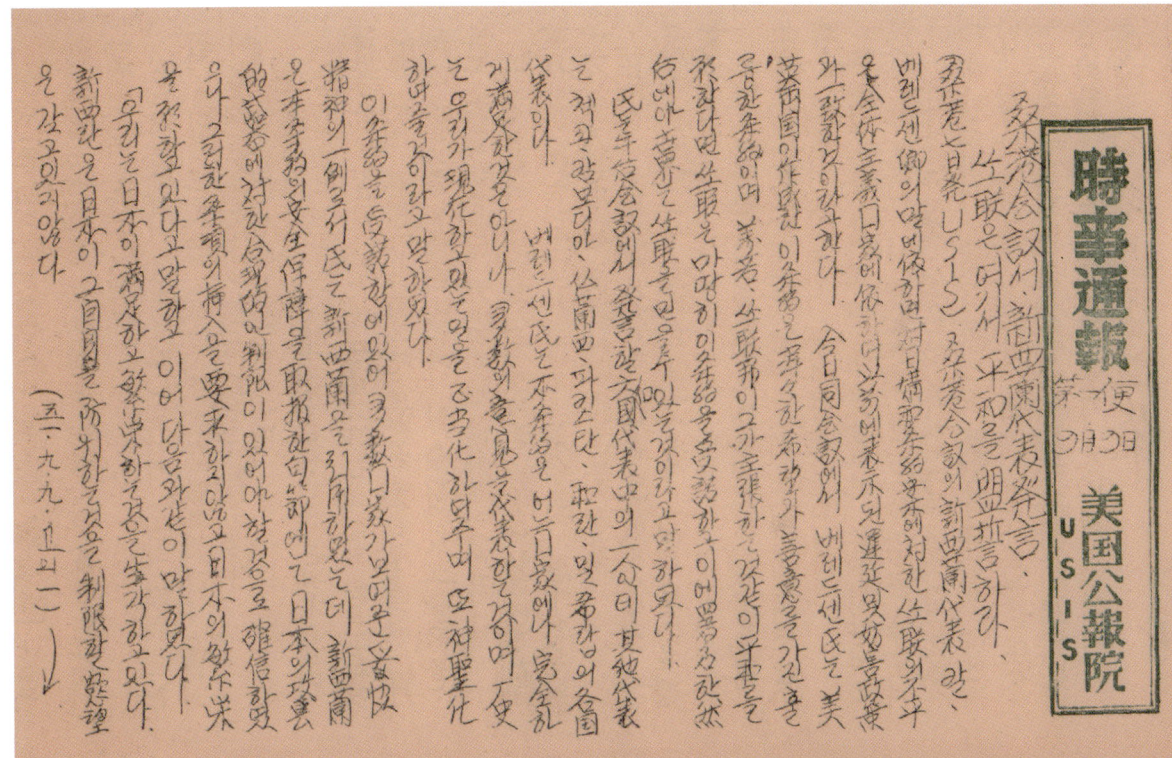

▶ 1951년 9월 〈시사통보〉. 주한 미공보원이 제작했다. "샌프란시스코 회의서 뉴질랜드(新西蘭) 대표발언"이라는 제목으로 소련의 평화를 맹세해야 한다는 베레드센 대표의 발언을 소개했다. (RG 554, A1 108, Box 1, Broadcast Report, 1951, NA2)

미국은 선전 영화도 제작해 포로 재교육에 적극 활용했다. 1951년 9월 10일, 미 육군영상지원국은 "북한의 목소리Voices from Red Korea"(프로젝트 16,279호, RG 306.2595, 9분25초 분량)라는 16mm 영화를 제작했다고 밝혔다. 이 영화는 극동사령부의 민간정보교육국CI&E, 미 공보원USIS 등 여러 기관과 합작해 제작했다.

▶ 미국이 제작해 포로 교육에 활용한 단편 영화 '북한의 목소리'. 조선인민군 포로 홍철 대좌, 중국인민지원군 포로 장교 등이 출연한다. 전향한 포로를 통해 공산주의를 비판하는 내용이다. 아래 큐알코드로 영상을 시청할 수 있다. (RG 306.2595, NA2)

미 민간정보교육국CI&E은 1951년 말부터 미국 교육학자 및 한국의 전문가를 동원해 포로 세뇌 교육을 위한 교재를 만들었다. 이 교재들은 한국전쟁이 멈춘 이후 학교 교과서에 그대로 반영됐다. 전후 국민을 대상으로 한 반공 교육 프로그램에 전쟁 포로 재교육 교재가 활용된 셈이다.

한국전쟁 때 수용소에서는 직업 훈련을 강조했다. 미군은 포로 직업 교육이 재건 사업에 필요한 인력을 양성하기 위해서라고 했다. 그러나 실제로 직업 교육은 포로 재교육의 일환이었다. 송환포로보다는 비송환포로가 재봉과 목공, 철공 등 각 분야 직업 훈련을 받았다. 목공과 철공 교육은 포로를 동원한 무기 제작에도 활용했다.

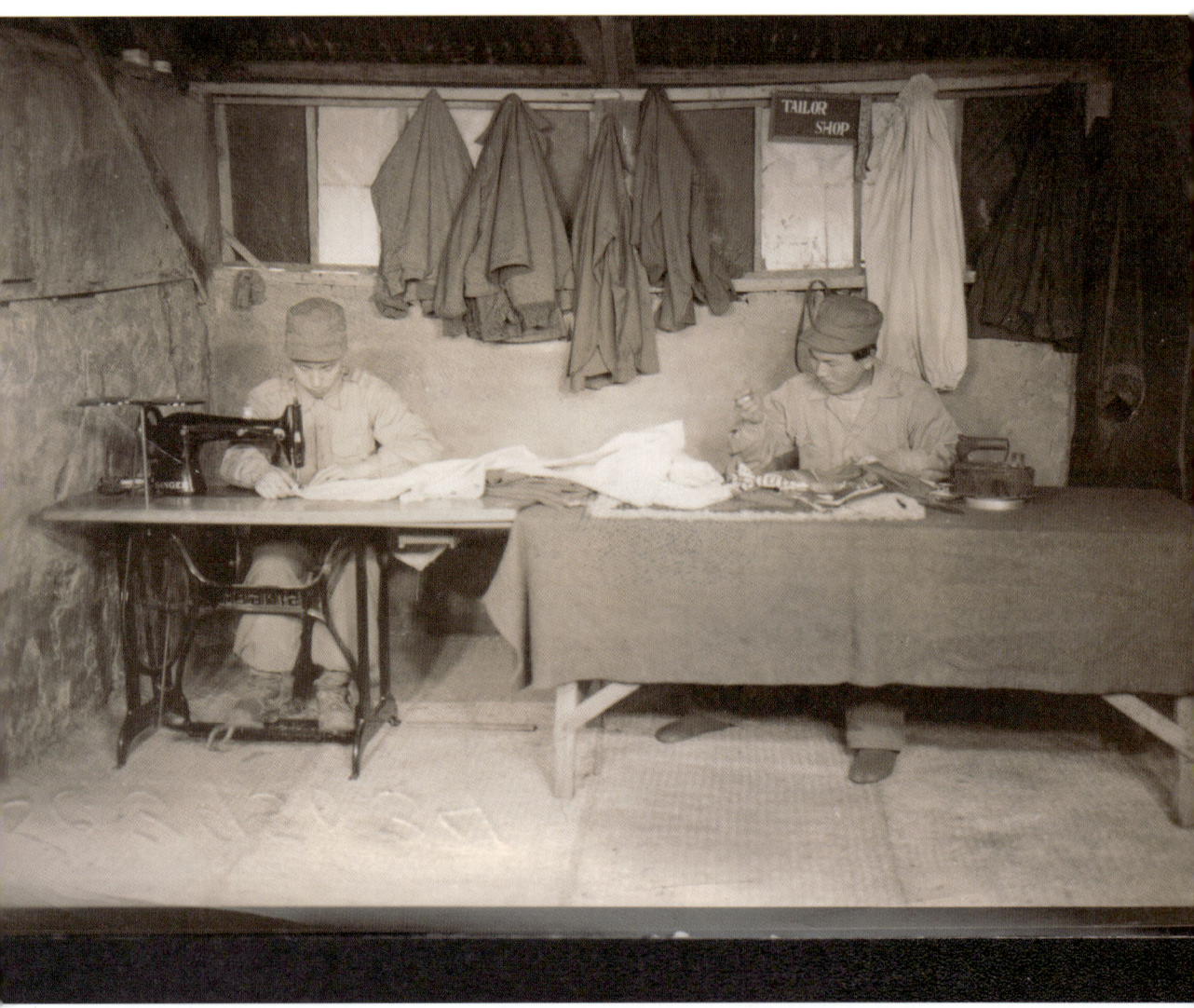

▶ 재봉 교육. 1거제도 포로수용소에서 포로가 재봉 작업을 하고 있다. 1951년 10월 4일. (RG 111-SC, Box 841, 395034, NA2)

▶ 목공 교육. 1거제도 포로수용소에서 포로들이 목공 작업하고 있다. 옆 벽에 "통일을 완성하자!"라는 현수막이, 정면으로 보이는 벽에는 성모마리아가 아기 예수를 안고 있는 그림이 걸려있다. 1952년 2월 9일. (RG 111-SC, Box 841, 395034, NA2)

▶ 철공 교육. 1거제도 포로수용소 내 철공소에서 한 포로가 쇠망치로 다듬질을 하고 있다. 1952년 2월 9일.
(RG 111-SC, Box 841, 395034, NA2)

▶ 기계 공작 교육. 1거제도 포로수용소에서 십자가 문양 모자를 쓴 포로가 기계를 조작하고 있다. 1952년 2월 9일.
(RG 111-SC, Box 841, 395034, NA2)

한국전쟁기 포로 재교육의 또 다른 특징은 미술, 음악, 연극과 기타 취미 활동 등을 통해 반공 의식 등을 고취시킨 것이다. 미국은 교육 전문가와 사회학자, 심리학자 등을 동원해 재교육 프로그램을 만들었다. 그리고 한국 음악가, 화가, 연극인 등이 포로 재교육을 담당했다. 비송환포로 출신 전기만은 "미군이 물감도 구해주고 별도 장소를 마련해줘 활동하기 편했다."라고 술회한다. 음악, 미술, 연극 등의 분야에 모두 260여 명의 전문가가 동원됐다.

▶ 조각 미술. 1거제도 포로수용소에서 포로들이 조각 작업을 하고 있다. 옆에 예수상이 있다. 벽에는 링컨 초상화가 걸려있다. 1952년 2월 13일. (RG 111 SC, Box 841, SC-395035, NA2)

▶ 포스터 작업. 1거제도 포로수용소에서 포로들이 포스터를 그리고 있다. 포로 상의에 'PW'(전쟁포로)라는 표식이 새겨있다. 1952년 2월 9일. (RG 111 SC, Box 841, SC-395037, NA2)

▶ 공작 교육. 1거제도 포로수용소 포로들이 깡통 폐기물로 장난감을 만들고 있다. 1951년 10월 2일.
(RG 111-SC, Box 812, SC-3824441, NA2)

▶ 도예 교육. 1거제도 포로수용소 9구역 91수용동 포로가 도자기 제작용 물레를 돌리고 있다. 1951년 12월 11일.
(RG 111-SC, Box 821, SC-386453, NA2)

▶ 뜨개질 교육. 1거제도 포로수용소에서 소년 포로들이 뜨개질을 배우고 있다. 1951년 10월 3일.
(RG RG 111-SC, Box 812, SC-3824443, NA2)

▶ 연극 활동. 1거제도 포로수용소 공연장에서 포로들이 연극 공연을 하고 있다. 1952년 3월 3일.
(RG 111 SC, Box 841, SC-395039, NA2)

▶ 음악 교육. 1거제도 포로수용소에서 포로가 트럼펫을 불고 있다. 1951년 10월 2일. (RG 111-SC, Box 862, SC-404207, NA2)

▶ 강연. 1거제도 포로수용소에서 포로들이 강연을 듣고 있다. 1952년 2월 9일. (RG 111 SC, Box 841, SC-395040, NA2)

▶ 1거제도 포로수용소에 미국 보이스카우트 문화도 이식됐다. 비송환(전향) 포로들이 보이스카우트에 가입한 가운데 결단식이 열렸다. 1952년 3월 2일. (RG 111 SC, Box 841, SC-395042, NA2)

▶ 중국인민지원군 포로 수용동 재교육 교실 지붕에 포로들이 제작한 학과 꽃 조형물을 설치했다. 1952년 2월. (MacArthur Boria Collection)

▶ 1거제도 포로수용소 중국인민지원군 포로 구역 정문에 설치한 사자 모양 조형물. 1952년 2월. (MacArthur Boria Collection)

▶ 중국인민지원군 포로가 "자유정의세계화평"라는 글자와 유엔 마크를 새긴 비석을 만들고 있다. 1952년 2월.
(MacArthur Boria Collection)

▶ 1거제도 포로수용소에서 포로들이 자유의 여신상을 세우고 있다. 포로수용소 안에 이처럼 자유세계 우월성을 상징하는 조형물을 곳곳에 설치했다. 1952년 5월 1일. (RG 80-G, Box 1844, 019, NA2)

▶ 1거제도 포로수용소 9구역 93수용동에 포로들이 만든 미술품과 지게, 소쿠리, 장난감 등 공예품을 전시했다. 1951년 12월 11일. (RG 111-SC, Box 821, SC-386457, NA2)

▶ 이 영상에는 부산 포로수용소 포로들이 배구 경기를 하는 장면과 포로 심문 장면 등이 담겼다. 1951년 2월 17일. (RG 111-LC-29195, SP-1 PRISONERS OF WAR, PUSAN, KOREA, NA2) 오른쪽 큐알코드로 영상을 시청할 수 있다.

▶ 비송환 소년 포로들이 뜀틀 운동을 하고 있다. 1951년 7월. (영국 IWM-MH-031650)

▶ 1거제도 포로수용소에서 열린 수용소 올림픽에서 포로들이 권투 경기를 하고 있다. 1951년 10월 8일.
(RG 389, A1 439A, Box 31, UN POW Camp, NA2)

3. 북한 포로수용소 활동

▶ 평안북도 5벽동 포로수용소에서 연합군 포로들이 축구를 하고 있다. 1951년. (RG 554, A1 202, Box 2, POW Information, NA2)

▶ 북한 벽동 포로수용소에서 돼지를 잡은 미군 포로들이 웃으며 포즈를 취하고 있다. 1952년 2월 24일. (RG 554, A1 202, Box 2, NA2)

▶ 북한의 한 포로수용소에서 미군 포로들이 잡지를 보고 있다. 1952년 2월 24일. (RG 554, A1 202, Box 2, NA2)

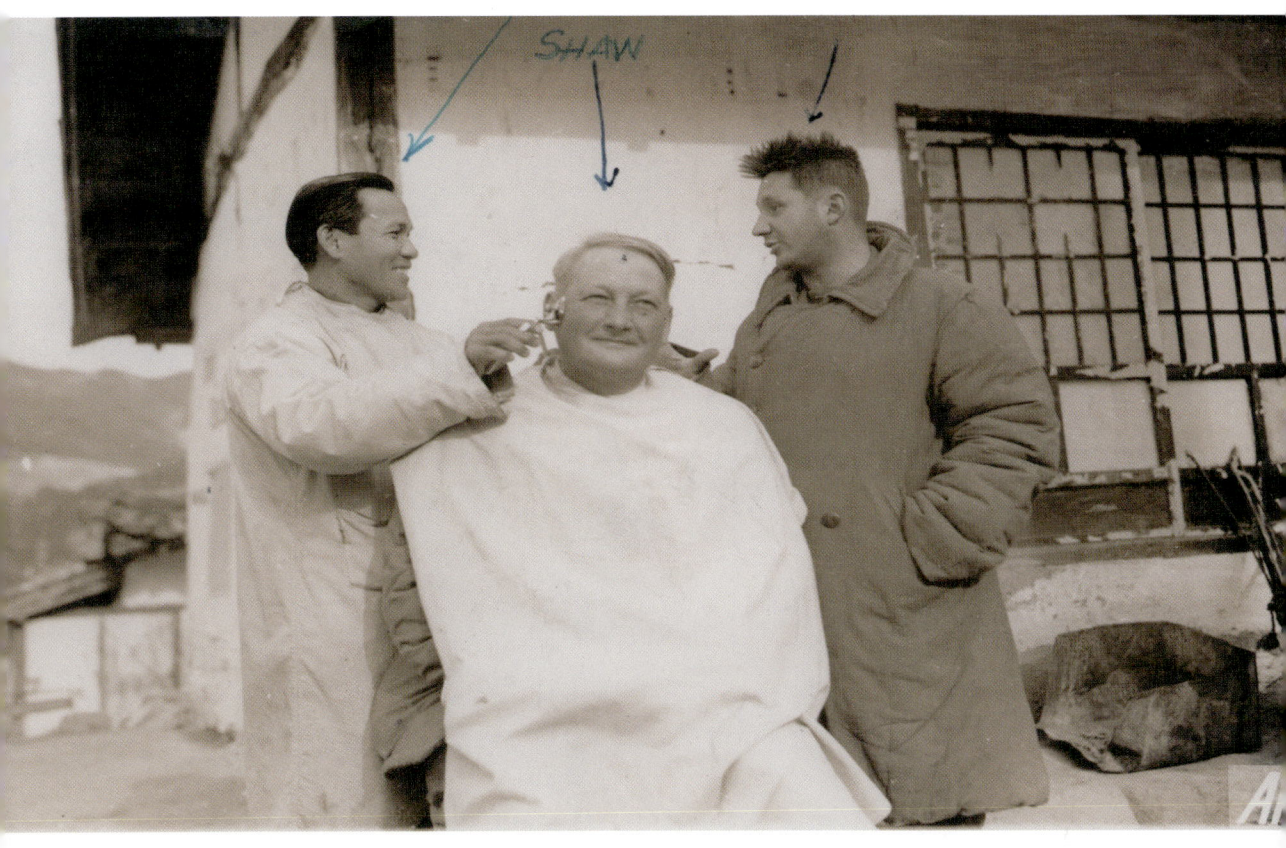

▶ 북한 벽동 포로수용소에서 연합군 포로가 이발을 하고 있다. 1952년 2월 24일. (RG 554, A1 202, Box 2, NA2)

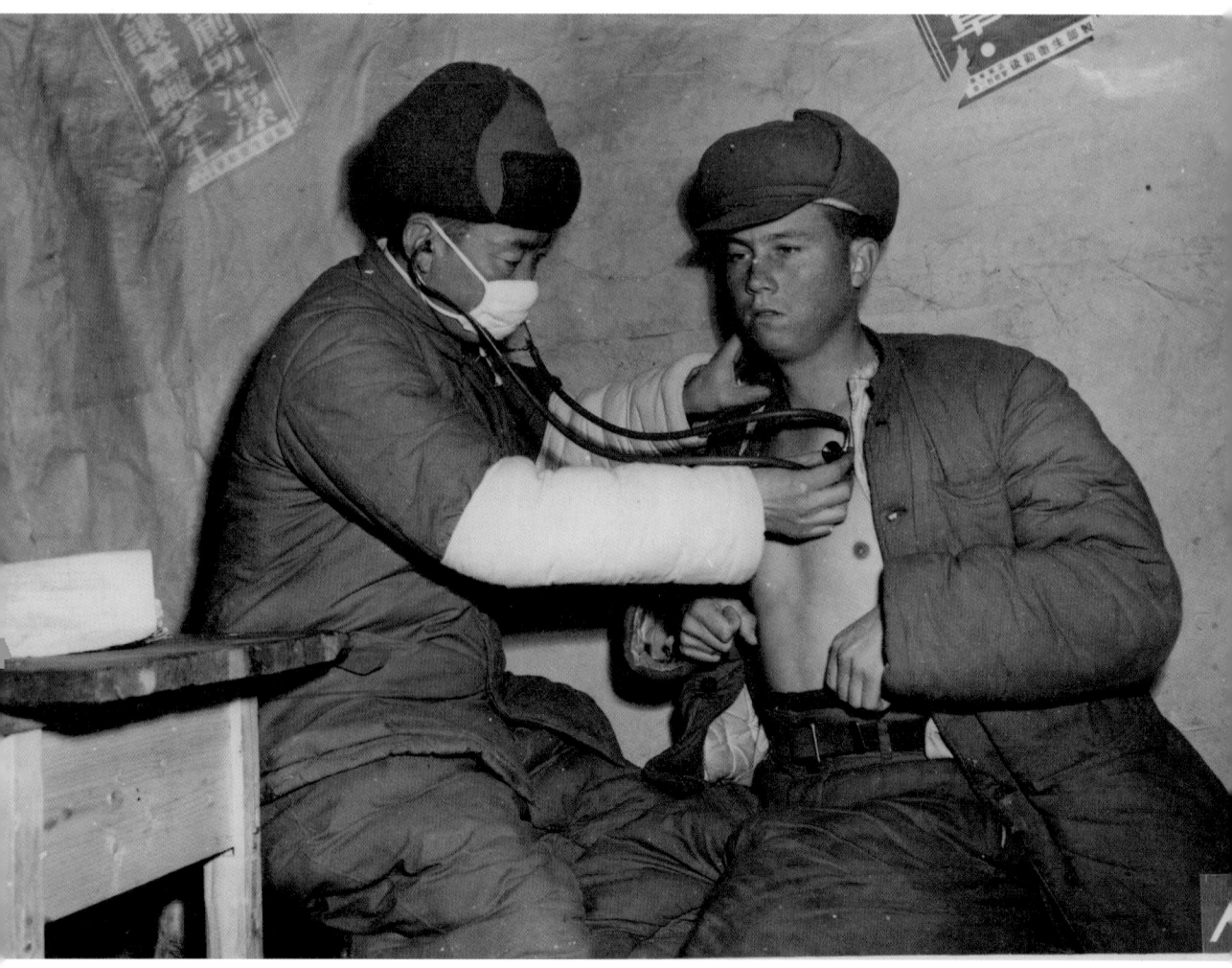

▶ 북한 벽동 포로수용소에서 미군 포로가 건강검진을 받고 있다. (RG 554, A1 202, Box 2, NA2)

4. 저항과 폭동

1951년 7월 9일, 1거제도 포로수용소 6구역 62수용동과 65수용동의 조선인민군 포로들이 재교육 프로그램에 집단적으로 참여를 거부하는 사건이 발생했다. 이들의 저항은 강압적인 포로 재교육에 대한 본격적인 문제 제기의 시작이었다. 유엔군은 민간정보교육국CI&E을 통해 포로들에게 반공주의와 미국식 민주주의 체제의 우월성을 주입하는 재교육 프로그램을 시행했다. 이 교육은 사실상 전향을 유도하는 심리전의 연장선이었으며, 포로에게 자발적 참여 기회를 주기보다는 강제 동원에 가까웠다. 특히 62수용동은 포로들의 참여 거부로 1951년 12월 22일부터 재교육 프로그램이 완전 중단됐다.

유엔군의 강제 포로 재교육은 전쟁포로 교육은 자발적으로 이뤄져야 한다고 명시한 제네바협약 제39조에 위배되는 행위였다. 민간정보교육국은 반발과 충돌이 이어졌음에도 불구하고, 1952년 3월 7일까지 재교육을 계속 강행했다. 이 시기인 1952년 1월부터 2월 사이에, 유엔군이 포로들을 대상으로 '송환 의사'를 묻는 심문 작업도 병행했는데, 이는 재교육으로 포로들의 정치적 선택을 바꾸려는 시도였다.

▶ 1거제도 포로수용소 전 수용동 포로들이 현수막과 인공기를 들고 시위를 벌였다. 1952년 2월 8일.
(RG 111-SC, Box 873, SC-393254, NA2)

▶ 1거제도 포로수용소에서 조선인민군 포로들이 김일성 초상화 등을 들고 시위를 하고 있다. 1952년 2월 8일.
(RG 111-SC, Box 873, SC-393255, NA2)

▶ 포로들의 시위에 스탈린 초상화도 등장했다. 1952년 2월 8일. (RG 111-SC, Box 873, SC-393256, NA2)

1951년 7월 62수용동을 시작으로 1거제도 포로수용소 송환포로들이 재교육 프로그램을 전면 반대했다. 그러나 비송환포로(반공포로)들은 재교육 프로그램을 지지했다. 송환포로는 수용소 내 각 구역이나 수용동을 장악하기 위해 사보타주 등을 진행했다. 이 과정에서 1951년 8월과 12월 21~22일 사이 두 차례 대규모 충돌이 벌어져 인명 피해가 생겼다. 이듬해인 1952년 2월 18일 62수용동에서 발생한 충돌에선 민간인억류자 55명이 숨지고 159명이 부상당했다. 부상자 중 22명이 병원에서 사망했다.

1952년 5월 7일에는 1거제도 포로수용소 소장 프랜시스 도드Francis T. Dodd 준장이 76수용동 시찰 중 수용소 내 유혈 사태에 책임을 지라고 요구하는 포로들에게 납치되는 사건이 벌어졌다. 도드 소장은 미군 측이 유혈 사태 책임을 인정하면서 70여 시간 만에 풀려났다.

▶1952년 5월 7일 1거제도 포로수용소 76수용동 포로들이 포로수용소 소장인 도드 준장을 납치한 직후 집회를 열었다.(위), 도드 준장이 억류된 76수용동 전경. 인공기가 높이 게양돼있다.(아래) (RG 319, NM3, Box , NA2)

▶ 도드 소장이 납치된 직후 1거제도 포로수용소 7구역 76수용동 모습이다. 포로들이 플래카드를 내걸고 시위를 벌였다. 1952년 5월 7일. (MacArthur Boria Collection)

    미군은 프랜시스 도드 1거제도 포로수용소 소장 납치 사건 책임을 물어 5월 23일 그의 지휘권을 박탈하고 대령으로 강등했다. 후임 소장인 헤이든 보트너는 1952년 5월 23일부터 28일에 걸쳐 수용소 주변 마을 주민과 주택을 강제 철거했다. 이어서 6월부터 1거제도 포로수용소에 수용 중이던 비송환(반공)포로 등을 육지의 다른 수용소로 분산 수용하는 작전을 전개했다. 저항하는 포로는 강제 진압했다. 이 과정에서 포로들의 피해가 크게 늘었다. 포로 분산 배치 작전 이후 수용소 사령부는 수용동 일제 정비 작업을 실시했고 각종 충돌 때 피살된 포로 시신을 다수 수습했다.

▶ 1거제도 포로수용소에서 피살 후 매장된 포로를 발굴하는 모습이다. 1952년 6월 11일. (V-P-KPKR-N-00027-12, ICRC)

▶ 1거제도 포로수용소에서 피살 후 매장된 포로를 발굴하는 모습이다. 1952년 6월 11일. (V-P-KPKR-N-00027-12, ICRC)

▶ 1거제도 포로수용소에서 발굴한 포로 시신. (V-P-KPKR-N-00027-13, ICRC)

▶ 1거제도 포로수용소에서 미군이 도랑에서 포로 시신을 파내고 있다. (V-P-KPKR-N-00028-16A, ICRC)

▶ 1거제도 포로수용소에서 미군 병사들이 살해된 포로 시신을 도랑에서 꺼내고 있다. (V-P-KPKR-N-00028-17A, ICRC)

▶ 돌더미에 파묻힌 포로 시신을 발굴하고 있다. (V-P-KPKR-N-00028-18A, ICRC)

▶ 미군은 도드 1거제도 포로수용소장 납치 사건 이후 포로를 재배치하면서 수용소 인근 민가를 소각 또는 철거했다.
(MacArthur Boria Collection)

04

판문점과 포로 협상

1. 정전협상 시작

한국전쟁 발발 1년이 지난 1951년 6월 24일 뉴욕 유엔 본부에서 소련 상임대표 야코프 말리크Jacob A. Malik가 라디오 연설을 통해 "피비린내 나는 전투를 종식"하기 위해 "38선에서 병력 상호 철수를 포함하는 정전협정을 체결해야 한다"고 주장했다. 6월 30일 유엔군 사령관 매튜 리지웨이는 조선인민군과 중국인민지원군 총사령관에게 "한국에서의 적대 행위 및 무력 충돌을 중단하고 정전협정 논의를 위한 회담을 원산항에 정박 중인 덴마크 병원선에서 개최할 것을 제안한다"고 화답했다.

1951년 7월 1일 김일성 조선인민군 최고사령관과 펑더화이 중국인민지원군 총사령관은 리지웨이에게 개성에서 7월 10일에서 15일 사이 정전협상 첫 회담을 개최하자고 제안했다. 양측은 7월 8일 오전 9시 22분 개성 광문동 내봉장에서 연락장교 회의를 열어 7월 10일 본회담을 열기로 하고 참석자 범위를 합의했다.

▶ 1951년 6월 23일(미국 동부 표준시간, 한국시간 6월 24일) 유엔 라디오 방송을 통해 소련 유엔 상임대표 말리크가 '평화의 대가'라는 제목으로 정전협정을 제안하는 연설을 하고 있다. (UN7693042, UN Photo)

▶ 개성 내봉장 인근 헬기장에서 왼쪽부터 아를레이 버크 해군 소장, 로렌스 크레이기 공군 소장, 백선엽 육군 소장, 터너 조이 해군 중장, 리지웨이 대장, 헨리 호데스 육군 소장. 1951년 7월 11일. (UN7662176, UN Photo)

▶ 개성에서 연합군과 조선인민군 및 중국인민지원군 측 연락장교가 모여 정전회담 일시와 참가자 범위 등을 논의했다. 1951년 7월 8일. (UN7662180, UN Photo)

▶ 연락장교 회의에 참석하기 위해 조선인민군과 중국인민지원군 장교들이 회의장에 왔다. 1951년 7월 8일.
(RG 330-PS, Box 13, SC-372131, NA2)

▶ 유엔군 연락장교들이 예비회담에 참석하기 위해 개성 광문동 회담장에 도착했다. 1951년 7월 8일.
(RG 330-PS, Box 13, SC-372132, NA2)

▶ 개성 예비회담에 참석한 조선인민군과 중국인민지원군 연락장교. 1951년 7월 8일. (RG 330-PS, Box 13, SC-372134, NA2)

▶ 개성 예비회담에 참석한 조선인민군 및 중국인민지원군과 미군 관계자가 얘기를 나누고 있다. 1951년 7월 8일.
(RG 330-PS, Box 13, SC-372123, NA2)

▶ 개성 내봉장 정전회담에 참석하기 위해 헬기를 타고 협상장에 오는 유엔군 대표단, 그리고 조선인민군과 중국인민지원군 대표단, 취재기자 등의 모습을 담은 영상이다. (KAESONG CONFERENCES Panmunjon, Korea, 428-NPC-14703) 아래 큐알코드로 시청할 수 있다.

▶ 정전회담 참석을 위해 개성 내봉장으로 들어가는 조선인민군과 중국인민지원군 대표. 1951년 7월 18일. (UN7668279, UN Photo)

▶ 조선인민군(오른쪽)과 중국인민지원군 정전협상 대표. 1951년 7월 18일. (UN7668280, UN Photo)

▶ 일명 유엔하우스 전경. 정전회담 당시 유엔군 대표단과 취재기자의 식당 등으로 이용했다. (UN7662218, UN Photo)

▶ 유엔군 대표단인 터너 조이 제독과 아를레이 버크 제독, 헨리 호즈 미8군 참모장이 유엔하우스에서 회담장인 내봉장으로 이동하고 있다. 1951년 7월 18일. (RG 111-SC, Box 796, SC-375383, NA2)

1951년 7월 8일 연락장교 예비 접촉에 이어 7월 10일 개성 내봉장에서 정전협상 본회담을 시작했다. 전쟁포로 처리 등이 의제였다. 첫 본회담에서 유엔군 측은 조선인민지원군 및 중국인민지원군 관할 포로수용소에 국제적십자사ICRC의 방문을 허용해야 한다고 요구했다. 이 회담에서 포로 문제를 군사 의제가 아닌 일반 의제로 분류했다. 조선인민군 대표 남일은 유엔군이 요구한 ICRC의 북한지역 포로수용소 방문에 거부 의사를 밝혔다.

개성 본회담은 7월 10일부터 8월 16일까지 의제 채택 협의를 거쳐 5개 의제를 선정했다. 한국에서의 적대행위 중지를 위한 기본 조건으로 비무장지대DMZ와 군사분계선MDL 설정, 정전 수행을 감독하는 기관 구성, 권한 및 기능을 포함한 한국에서의 정전 실현을 위한 구체적 협의, 포로 송환 협의, 한국 문제의 평화적 해결을 위한 정치회담 개최 등이다.

▶ 멀리서 본 개성 내봉장 전경. 1951년 7월 26일. (RG 111-SC, Box 796, SC-375098, NA2)

▶ 개성 정전회담 중국인민지원군 대표단 일원인 셰팡(HSIEH FANG)과 펑화(PENG HUA)가 회담을 마친 뒤 포즈를 취하고 있다.
(RG 111-SC, Box 796, SC-375100, NA2)

▶ 1951년 7월 25일 재개된 개성 정전협상 취재를 위해 모인 외신기자. 런던 '데일리워커' 기자 앨런 위닝턴과 미국 CBS뉴스 특파원 등이 보인다. (RG 111-SC, Box 796, SC-375093, NA2)

▶ 한국군은 전쟁 당사자였지만 정전협상에서 배제됐다. 한국전쟁 발발 한 달이 채 안 된 1950년 7월 14일 이승만은 한국군 작전권을 유엔군사령관에 넘겼다. 그날 이후 군 작전권, 정전 등과 관련한 적과의 협상 권한은 모두 유엔군사령관에게 위임됐다. 개성 정전회담 문제를 논의하기 위해 변영태 외무부장관, 손원일 제독(해군작전참모장), 신성모 국방장관, 정율 공군참모총장, 백선엽 장군 등이 문산에 모였다. 1951년 7월 27일. (RG 111-SC, Box 796, SC-375104, NA2)

▶ 개성 내봉장 정전회담장 밖에서 조선인민군과 중국인민지원군 대표단 수행원이 미군과 함께 대기하고 있다. 1951년 7월 26일.
(RG 111-SC, Box 796, SC-375099, NA2)

▶ 백선엽 소장(1군단장)이 미군 에드거 폭스(Edgar F. Fox) 중사(167통신사진중대 사진병)와 인터뷰를 하고 있다. 1951년 7월 21일. (RG 111-SC, Box 796, SC-375376, NA2)

1951년 7월 10일, 개성 내봉장에서 시작된 정전회담은 협상 초기부터 양측 신경전과 군사적 긴장으로 진통을 겪었다. 회담장이 북한군 점령 지역 내에 위치한 탓에, 유엔군 측은 회담장 보안과 안전에 지속적으로 의문을 제기했다. 그해 8월, 유엔군의 DDT 살포 관련 사건이 발생하면서 정전회담은 중단된다. 유엔군이 회담장 주변에 방역 목적으로 DDT를 살포하던 중, 조선인민군 측이 이를 의도적인 정전협정 위반 행위로 간주했다. 이는 현장에서 살포 작업을 하던 한국군 의무병을 체포·억류하는 사태로 이어졌다. 이 사건은 회담 파행의 직접적 계기가 됐다. 이후 두 달간 본회담은 중단되고, 양측은 새로운 협상 장소를 논의했다. 협상 끝에 정전회담 장소는 전선 중간 지대인 개성시 널문리 판문점으로 변경했고, 1951년 10월 25일 본회담을 속개한다.

같은 시기에 1거제도 포로수용소에서는 대규모 포로 시위가 이어지면서 유엔군의 포로 정책에 대한 국제적 비판이 커지기 시작했다. 이런 배경 속에서 양측은 정전협정의 핵심 쟁점 중 하나인 '전쟁포로 문제'를 본격적으로 협상 테이블에 올린다. 1951년 12월 11일, 판문점에서 열린 정전 소위원회 회의에서 처음으로 포로 교환과 송환 문제를 공식 의제로 채택했다. 이 회의는 이후 포로 송환 문제를 둘러싼 장기 교착과 정치적 갈등의 출발점이 된다.

▶ 1951년 8월 조선인민군 경비대에게 체포, 억류된 한국군 의무병들이 9월 15일 개성 내봉장에서 석방됐다. 이들은 개성 중립지대에 DDT를 살포하다가 조선인민군에게 스파이 혐의 등으로 체포됐다. (RG 111-SC, Box 806, 379499, NA2)

▶ 보안 이슈와 한국군 억류 사건으로 1951년 8월 23일 정전회담이 중단된 이후, 1951년 9월 19일 개성 내봉장에서 연락장교 회의가 열렸다. (RG 111-SC, Box 806, SC-379497, NA2)

▶ 유엔군과 조선인민군 및 중국인민지원군 연락장교 회의가 끝난 뒤 한 미군 병사가 회의 내용을 정리하고 있다. 1951년 9월 19일.
(RG 111-SC, Box 806, 379503, NA2)

2. 내봉장에서 널문리로

▶ 이 영상은 1952년 2월 9일~11일 판문점에서 열린 정전회담 장면을 담았다. 개성 내봉장에서 열리던 회담은 1951년 10월 말부터 널문리 판문점으로 장소를 옮겨 속개했다. (UNITED NATIONS-COMMUNIST CEASE FIRE NEGOTIATIONS, PANMUNJOM, KOREA; ETC 111-LC-28944) 아래 큐알코드로 시청할 수 있다.

1951년 7월부터 개성 내봉장에서 열린 정전회담은 보안 이슈와 한국군 억류 등 돌발 상황이 생기면서 전면 중단됐다. 그 뒤 양측은 새 협상 장소 협의를 실무 단위에서 진행했다. 황해도 개성시 널문리 판문점을 새 장소로 확정하고, 1951년 10월 11일 그곳에서 먼저 연락장교 회의를 열었다. 이어 10월 25일 제1차 판문점 정전회담 본회의가 열렸다. 2기 정전회담의 시작이다.

▶ 유엔군 대표단이 해병대 헬기로 널문리 판문점에 도착했다. 주변에 조선인민군 관계자도 보인다. 1951년 10월 11일.
(RG 111-SC, Box 811, 381949, NA2)

▶ 판문점에 새롭게 설치한 정전회담장 전경. 1951년 10월 11일. (RG 111-SC, Box 811, SC-381950, NA2)

▶ 널문리 판문점에서 정전회담 재개를 위한 실무협상에 나선 유엔군 장교들이 천막 안으로 들어가고 있다. 1951년 10월 11일.
(RG 111-SC, Box 811, 381954)

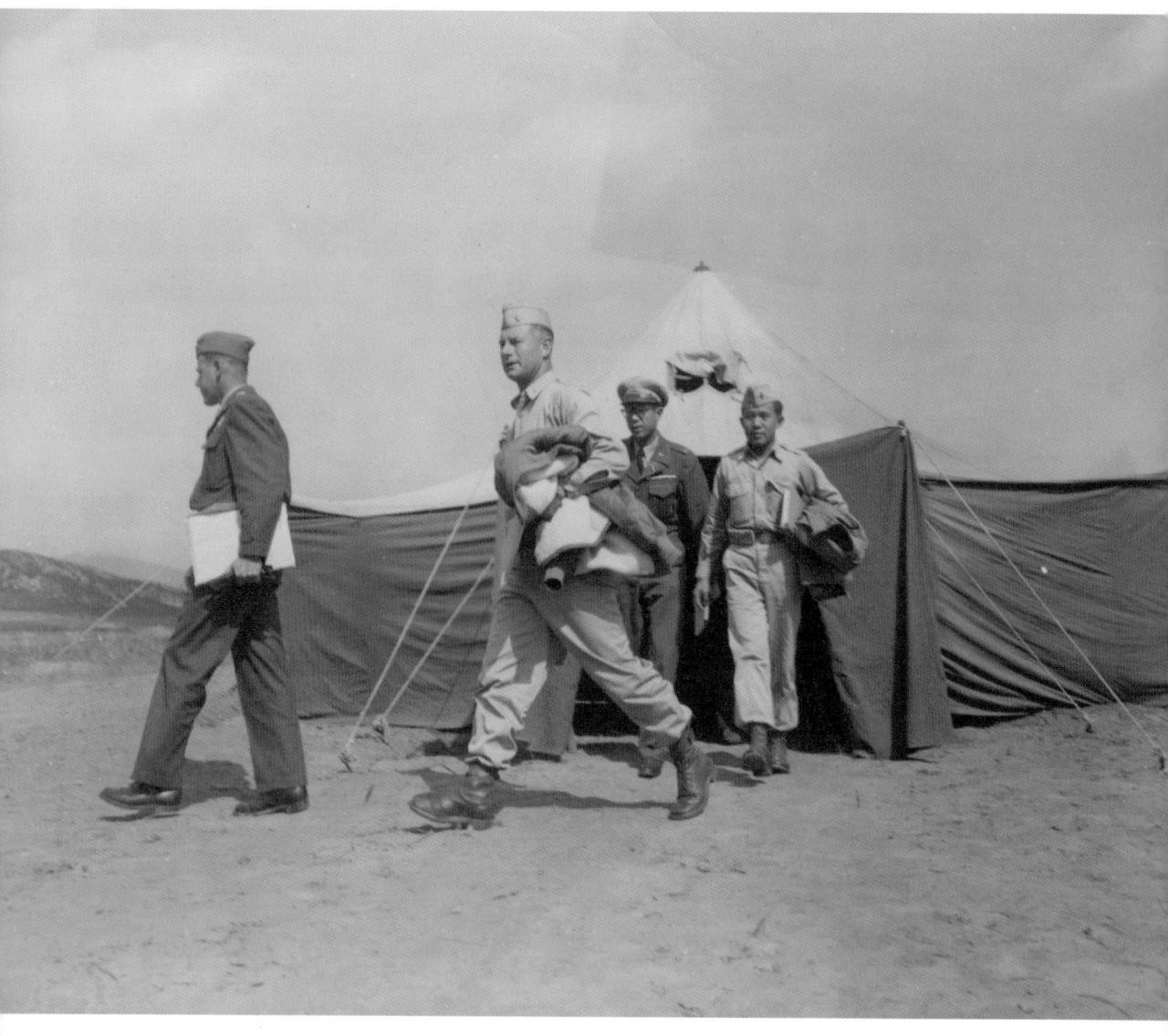

▶ 제임스 머레이 대령(유엔군 선임 연락장교), 에드워즈 중령 등이 판문점에서 실무회담을 마치고 천막을 나서고 있다. 1951년 10월 11일. (RG 111-SC, Box 811, 381955, NA2)

▶ 판문점 회담장 인근 주막 앞에서 내외신 기자가 모여 취재 경쟁을 벌이고 있다. 1951년 10월 12일.
(RG 111-SC, Box 811, SC-381904, NA2)

▶ 유엔군 장교 3명이 연락장교 회의에 참석하기 위해 판문점 인근 민가 앞을 지나고 있다. 1951년 10월 22일.
(RG 111-SC, Box 813, SC-382690, NA2)

▶ 판문점 인근 초가 앞에서 한 농부가 밭일을 하고 있다. 1951년 10월 12일. (RG 111-SC, Box 811, SC-381900, NA2)

▶ 판문점 천막 회담장 안에 유엔군 연락장교들이 앉아있다. 1951년 10월 22일. (RG 111-SC, Box 813, SC-382691, NA2)

▶ 판문점 천막 회담장에서 조선인민군 연락장교 등이 연합군 파트너와 마주 앉아 있다. 한 참석자가 카메라를 보며 미소를 짓고 있다. 1952년 10월 22일. (RG 111-SC, Box 813, SC-382692, NA2)

▶ 이 영상은 1951년 10월 31일 자 미군 영상 뉴스다. 새 정전협상 장소인 판문점을 소개하고 미국과 북한 대표단 모습을 담았다. (New Truce Site in Panmunjom, Korea 111-DD-368-51) 아래 큐알코드를 통해 시청할 수 있다.

▶ 판문점 앞 주점에서 기자들과 이야기를 나누는 런던 데일리워커 기자 앨런 위닝턴. 1950년 6~7월에 대전 산내면 골령골에서 일어난 민간인 학살 사건을 세계에 폭로한 기자다. 1951년 11월 2일. (RG 111-SC, Box 814, SC-383211, NA2)

▶ 황해도 개성시 널문리 판문점 전경. 1951년 11월 2일. (RG 111-SC, Box 814, SC-383209, NA2)

▶ 판문점 정전회담 천막 앞에서 경비병이 판초 우의를 입고 경계근무를 하고 있다. 1951년 11월 1일.
(RG 111-SC, Box 814, SC-383310, NA2)

▶ 공중에서 본 판문점 정전회담장. 1952년 11월 3일.
(RG 111-SC, Box 896, SC-419145, NA2)

3. 포로 협상과 교환

　1951년 11월 27일 유엔군 측은 조선인민군과 중국인민지원군 측에 당시 수용 중인 모든 포로의 이름과 국적, 기타 신원을 확인할 수 있는 최신 자료, 수용소 위치, 국적별 인원수 통계 등을 제공해달라고 요청했다. 하지만 논의는 진전을 보지 못했다. 1952년 4월 28일 18차 판문점 정전회담에서 양측은 포로 교환과 중립국감독위원회 구성 등을 논의했다. 그러나 여전히 송환 방법 등에서 접점을 찾지 못했다. 그러는 사이 각 수용소에서는 유혈 충돌과 인명 피해가 늘어났고 자살 사건도 빈발했다.

▶ 1952년 4월 9일 1거제도 포로수용소 7구역 72수용동 중국인민지원군 포로 창첸룽, 주리싱, 린소푸 세 사람의 시신이 철조망 안쪽에 있다.

(RG 389, A1 1004, Box 1, NA2)

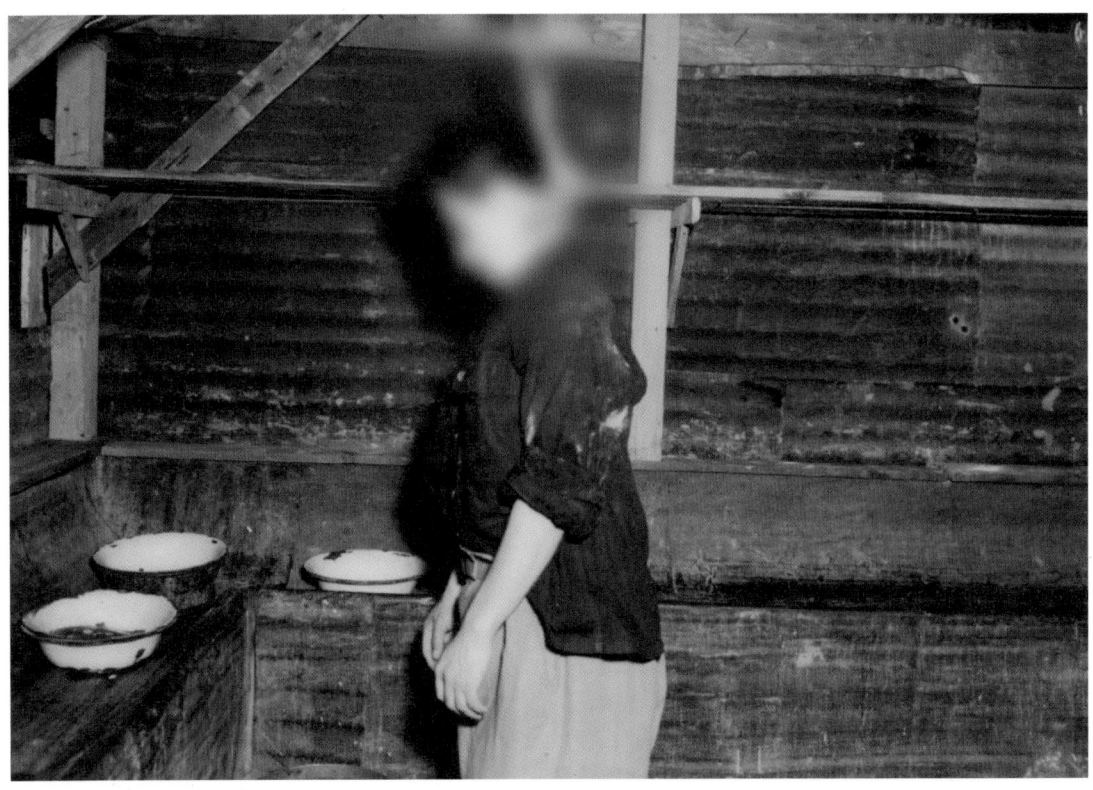

▶ 1거제도 포로수용소 14구역 C수용동 세면실에서 한 조선인민군 포로가 자살했다. 1952년 9월 16일. (RG 389, A1 1004, Box 1, NA2)

　　1952년 6월 10일 이후 송환포로는 1거제도 포로수용소, 1A거제 저구리, 1B용초도, 1C봉암도, 8제주시 포로수용소에 각각 재배치됐다. 비송환 또는 미송환포로는 부산(2서면, 9서부산), 마산, 대구와 영천, 광주 상무대, 논산, 부평 애스컴시티에 분산 배치됐다. 포로사령부는 송환포로의 시위나 정치 활동을 엄격히 제한했다. 이에 반발해 1952년 10월 6일 서부산 수용소, 12월 14일 1C봉암도 민간인억류자수용소, 1A거제 저구리 포로수용소, 1953년 3월 7일 1B용초도 포로수용소, 3월 24일 1C봉암도 수용소, 4월 17일 1B용초도 포로수용소 등에서 포로 시위가 잇달아 벌어졌다.

▶ 1거제도 포로수용소에서 대규모 시위가 발생했다. 수용동 건물에 불길과 검은 연기가 치솟는다. 1952년 2월 18일.

(육군기록정보관리단)

▶ 서부산 포로수용소에서 미군이 포로 시위를 진압한 뒤 각종 시위용품을 압수해 마당에 쌓아뒀다. 1952년 10월 6일.
(RG 111-SC, Box 886, SC-414739, NA2)

▶ 미군이 포로 시위를 진압하고 인공기와 별 모형 등 각종 시위용품을 압수했다. 1952년 10월 6일.
(RG 111-SC, Box 886, SC-414739, NA2)

▶ 이 영상에는 1952년 5월 12일 1거제도 포로수용소 사령부 본부 건물에서 콜슨 준장이 도드 수용소장 납치 사건을 브리핑하는 장면, 외신기자들이 도드가 납치된 76수용동 앞에서 취재하는 장면 등이 담겼다. (KOREAN SOLDIERS WITNESS DEMONSTRATION, YANGGU, KOREA; ETC, RG 111-LC-30142) 아래 큐알코드로 시청할 수 있다.

▶ 이 영상에는 1952년 6월 16일 영연방군 1개 대대가 포로 진압을 위해 1거제도 포로수용소에 도착하는 장면과 사열 장면 등이 담겼다. (FIELD MARSHAL LORD ALEXANDER IN KOREA, RG 111-LC-30734) 아래 큐알코드로 시청할 수 있다.

▶ 이 영상에는 1거제도 포로수용소에 포로들이 이송되는 장면, 가스탄으로 포로 시위를 진압하는 장면 등이 담겼다. 1953년 6월 19일. (KOJE-DO PRISONER OF WAR (POW) CAMP, OFF KOREA, RG 111-LC-33061) 큐알코드로 시청할 수 있다.

1953년 2월 29일 양측 포로 소위원회는 중상을 입은 포로의 송환, 포로 인도 장소, 포로송환위원회 설립, 탈출한 포로와 사망자 자료 교환 등을 최종 합의했다. 3월 5일 조선인민군과 중국인민지원군은 모든 포로를 석방하고 송환하는 포로 송환을 제안했다. 그러나 유엔군 사령부는 전원 송환 대신 포로 의사를 존중하는 '자원 송환' 원칙을 고수했다.

CIA는 "포로 교환이 불가능할 경우 집단 탈출을 고려해야 한다"고 미군과 다른 정책을 내세운 바 있다. 그리고 1953년 6월 18일 이승만은 육지에 위치한 부산, 마산, 대구, 영천, 광주, 논산, 부평 포로수용소에서 포로를 집단적으로 탈출시켰다.

▶ 경북 영천 민간인억류자수용소에서 조선인민의용군에 동원됐다가 생포된 소년 포로를 석방하고 있다. 1952년 7월 21일.
(RG 111-SC, Box 867, SC-406477, NA2)

▶ 공중에서 본 판문점 정전협정 조인장. 1953년 7월 27일. (RG 338, A-1 224, Box 1661, Operation LITTLE SWITCH, 1953, NA2)

▶ 판문점에서 포로 교환 최종 합의문에 조선인민군 대표 이상조가 서명하고 있다. 1953년 4월 11일.
(RG 111-SC, Box 902, SC-421768, NA2)

▶ 판문점 북한 지역에 설치한 조국해방문. 1953년 4월 23일. (RG 111-SC, Box 901, SC-421578, NA2)

▶ 미해병대 1사단 공병대원들이 문산리에 송환 유엔군 포로를 임시 수용하는 '자유의 마을'에 간판을 세우고 있다. 1953년 4월 13일. (RG 111-SC, Box 902, SC-421776, NA2)

▶ 제주 포로수용소에서 송환을 앞두고 짐을 정리하는 중국인민지원군 포로. 1953년 8월 6일. (RG 111-SC, Box 927, SC-432723, NA2)

▶ 제주 포로수용소 송환 포로들이 제주항에서 미군 LCU 1451에 승선하고 있다. 1953년 8월 6일.
(RG 111-SC, Box 927, SC-432719, NA2)

▶ 조선인민군 송환 포로들이 미군 트럭에 타고 인공기를 흔들며 판문점으로 향하고 있다. 1953년 9월 4일.
(RG 111-SC, Box 991, SC-460011, NA2)

▶ 이른바 '자유의 문'을 여는 헌병. 1953년 9월 6일. (RG 12-GK, Box 9, 174640, NA2)

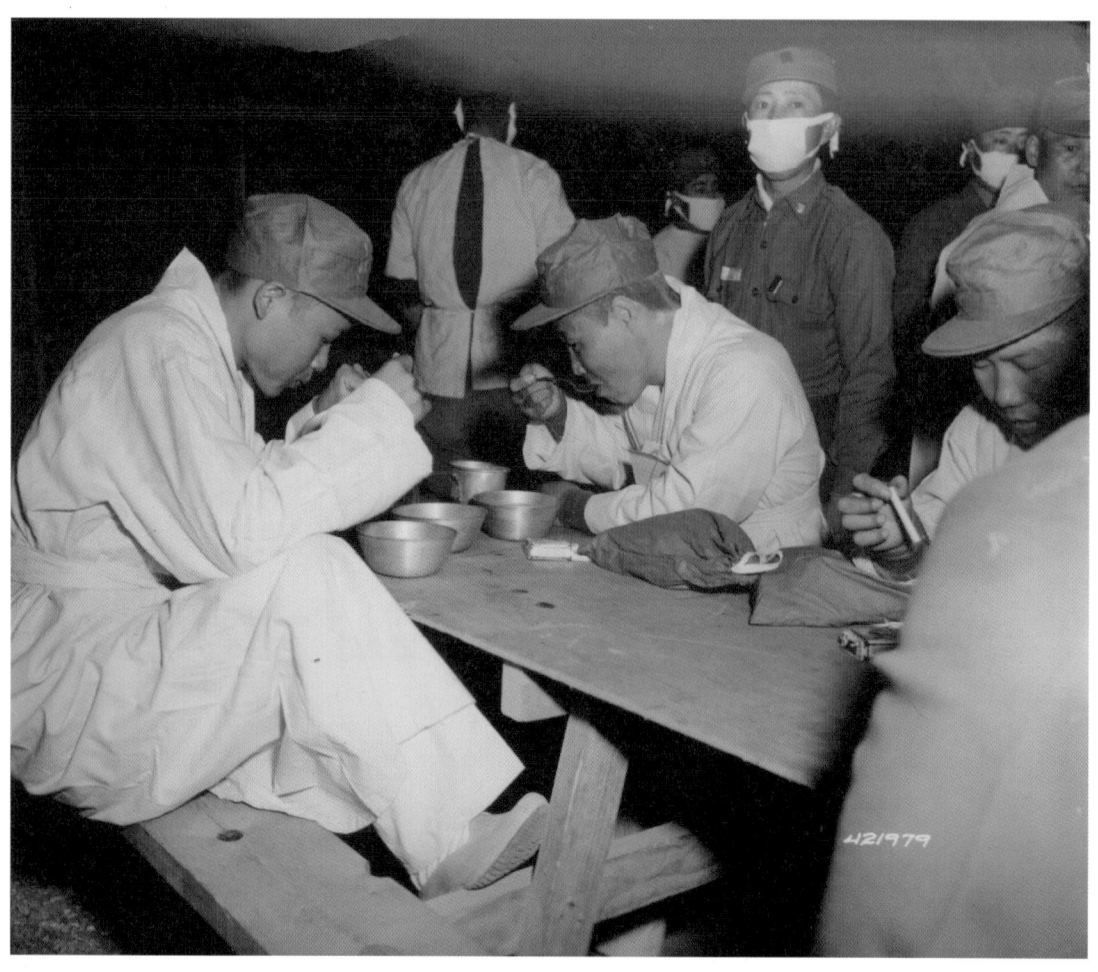

▶ 북한 포로수용소에 수용됐다가 돌아온 한국군 송환 포로들이 '자유의 마을'에서 수프를 먹고 있다. 1953년 4월 25일.
(RG 111-SC, Box 902, SC-421979, NA2)

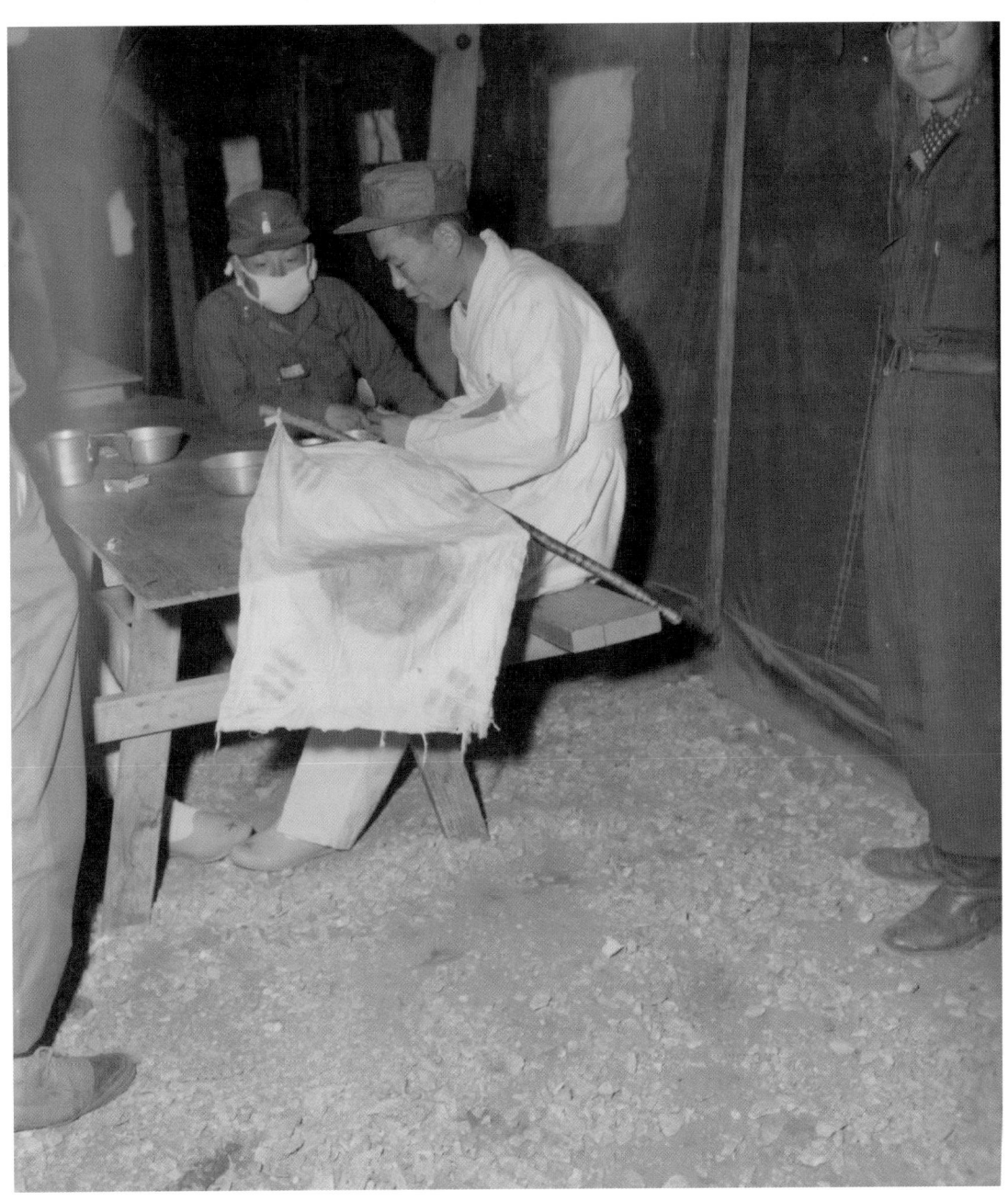

▶ 유엔군과 조선인민군 및 중국인민지원군이 1953년 4~5월 환자와 부상 포로를 교환한 이른바 '리틀스위치' 때 남쪽으로 돌아온 한국군 포로가 직접 만든 태극기를 들고 있다. 전향하지 않았음을 보여주는 징표다. 1953년 4월 25일.
(RG 111-SC, Box 902, SC-421980, NA2)

▶ 여성 포로 중에는 간혹 수용소에서 아이를 출산해 같이 산 경우가 있다. 한 여성 송환 포로가 아이를 업고 송환 열차 탑승을 기다리고 있다. 1953년 8월 8일. (RG 111-SC, Box 927, SC-432768, NA2)

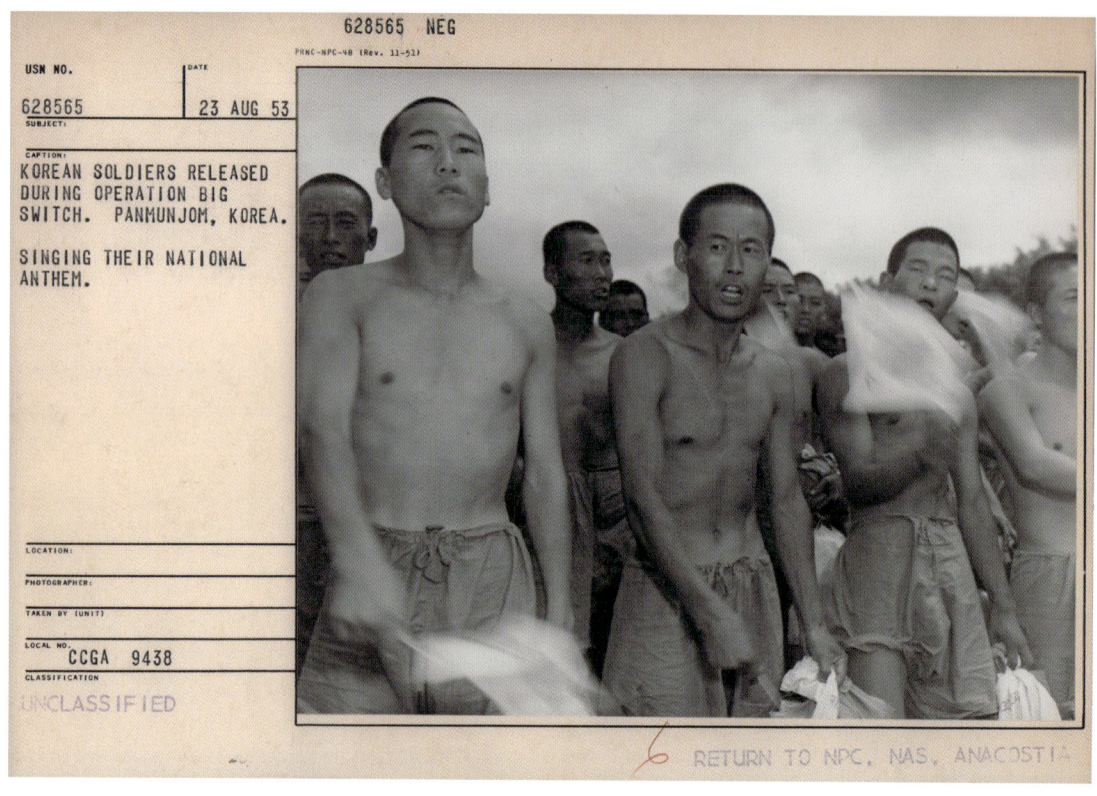

▶ '자유의 마을'에 도착해 애국가를 부르는 한국군 송환 포로. 이들은 인천항에서 통영 용초도 귀환집결소로 가서 심문과 함께 재교육을 받았다. 1953년 8월 23일. (RG-G, Box 201, 628565, NA2)

▶ 북한 포로수용소에 있다가 남으로 귀환한 한국군 포로가 "대한 청년의 의지는 꺾지 못타리!"라고 쓴 혈서를 들고 있다. 옆(왼쪽)에서 백선엽 대장이 미소를 띠고 서있다. 1953년 6월 24일. (육군기록정보관리단)

05

판문점과 DMZ

1. 파주 판문점

▶ 판문점에서 열린 군사정전위원회 회의 장면 등이 담긴 영상이다.
오른쪽 큐알코드를 통해 시청할 수 있다.

(Military Armistice Commission, Panmunjom, Korea, RG 111-DD-141-63, NA2)

판문점은 1953년 7월 27일 한국전쟁 정전협정 조인식을 한 곳(개성시 널문리 판문점)에서 2km가량 떨어진 파주시 진서면 조산리 359번지로 그해 10월에 이동했다. 현재 판문점 체제의 시작이다. 유엔군과 조선인민군은 새 판문점 건설과 관련해 6동의 공동 사용 건물(군사정전위원회 회의실 1동, 비서처 빌딩 1동, 중립국감독위원회 2동, 중립국송환위원회 1동, 실향민귀향지원위원회 및 공동적십자팀 1동)을 짓기로 합의했다.

▶ OP에서 근무중인 병사와 비무장지대, 군사분계선 순찰 장면 등이 담긴 영상이다. 오른쪽 큐알코드를 통해 시청할 수 있다.

(DMZ: Demilitarized Zone), Korea, RG 111-LC-44331, NA2)

▶ 1953년 7월 27일 정전협정 때 사용한 비무장지대(DMZ)와 남북 군사분계선(MDL) 표기 지도.
(RG 218, NM-41 3, Box 7, Armistice Agreement Volume 2, Maps, NA2)

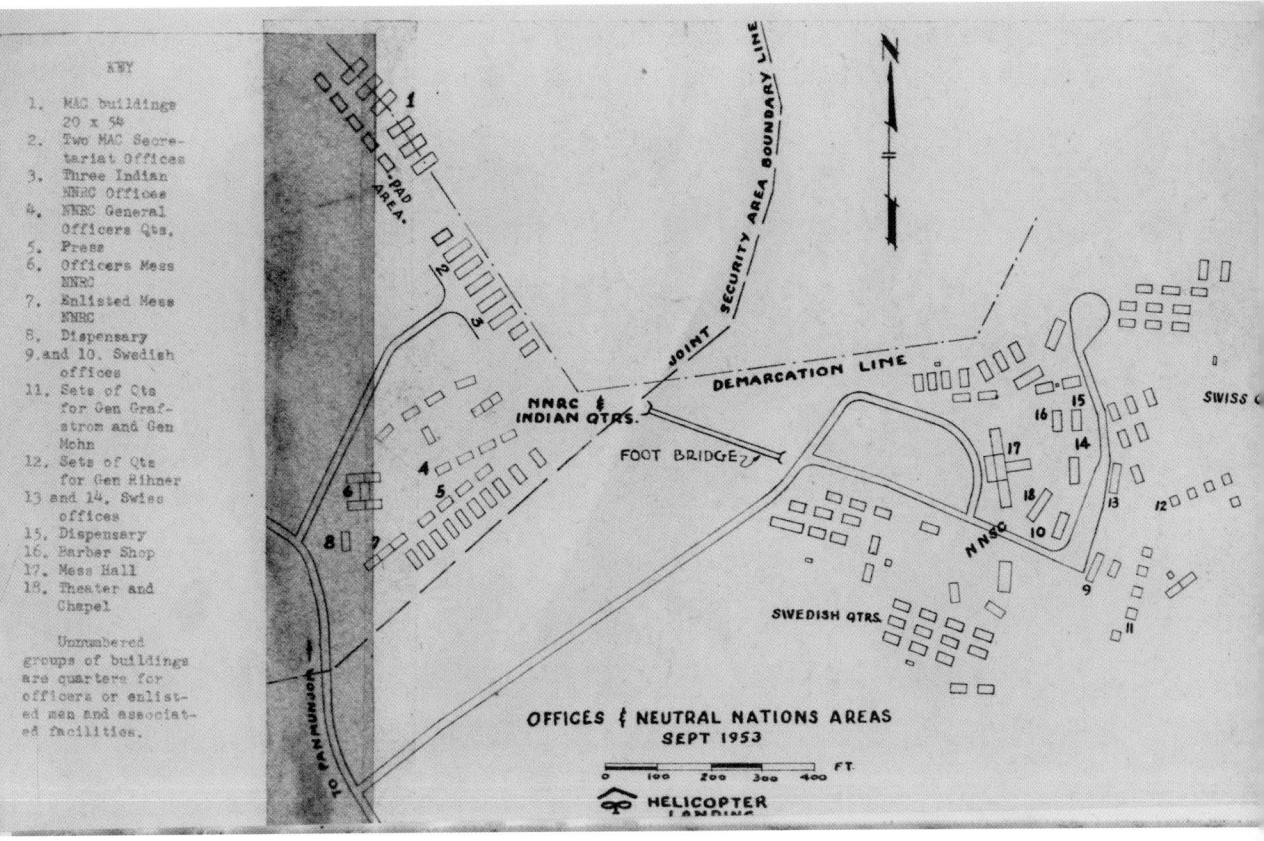

▶ 1953년 9월 작성한 새 판문점 및 공동경비구역 배치도. 군사정전위원회 건물 등 전체 6개 건물과 각 구역이 표시돼있다.

(RG 554, A1-1267, Box 19, Maps, Joint Security Area, 1953)

▶ 강원도 양구 미 45사단 구역에 설치된 비무장지대 표지판. 1953년 8월 16일. (RG 111-SC, Box SC-466544, NA2)

▶ 미 해병대 1사단 1공병대대는 지정 장소에 군사분계선 표지판을 한글, 영어, 중국어로 각각 설치했다. 1953년 8월 19일.
(RG 127, UD-UP 19, Box 32, 1st ENG Bn Company Diary, 1953. 08, NA2)

2. 미송환포로

한국전쟁 정전협정 조인 이후 포로 관련 가장 큰 이슈 중 하나는 미송환포로 처리 문제였다. 유엔군 관할 미송환포로 중 조선인민군 포로는 7천여 명, 중국인민지원군 포로는 1만 4천여 명이었다. 조선인민군과 중국인민지원군 관할 미송환포로는 한국군 포로 300여 명과 미군 23명, 영국군 1명이었다. 이들 미송환포로는 전쟁이 멈춘 뒤에도 본국 송환, 또는 남한이나 북한 잔류를 선택하지 않아, 중립국송환위원회NNRC 감독 아래 1953년 9월 24일부터 12월 23일까지 90일 동안 설득과 자유 의사 확인을 거쳤다. 이를 위해 미송환포로 임시수용소를 포천 군내면과 도라산 지역 등에 설치했다. 미송환포로수용소 관리와 보호 업무는 중립국 군대인 인도군이 담당했다.

▶ 인도군 관할 문산리 미송환포로 임시수용소 전경. 1953년 12월. (RG 554, A1 267-B, Box 2, HQ UN Command Rep, 1954, NA2)

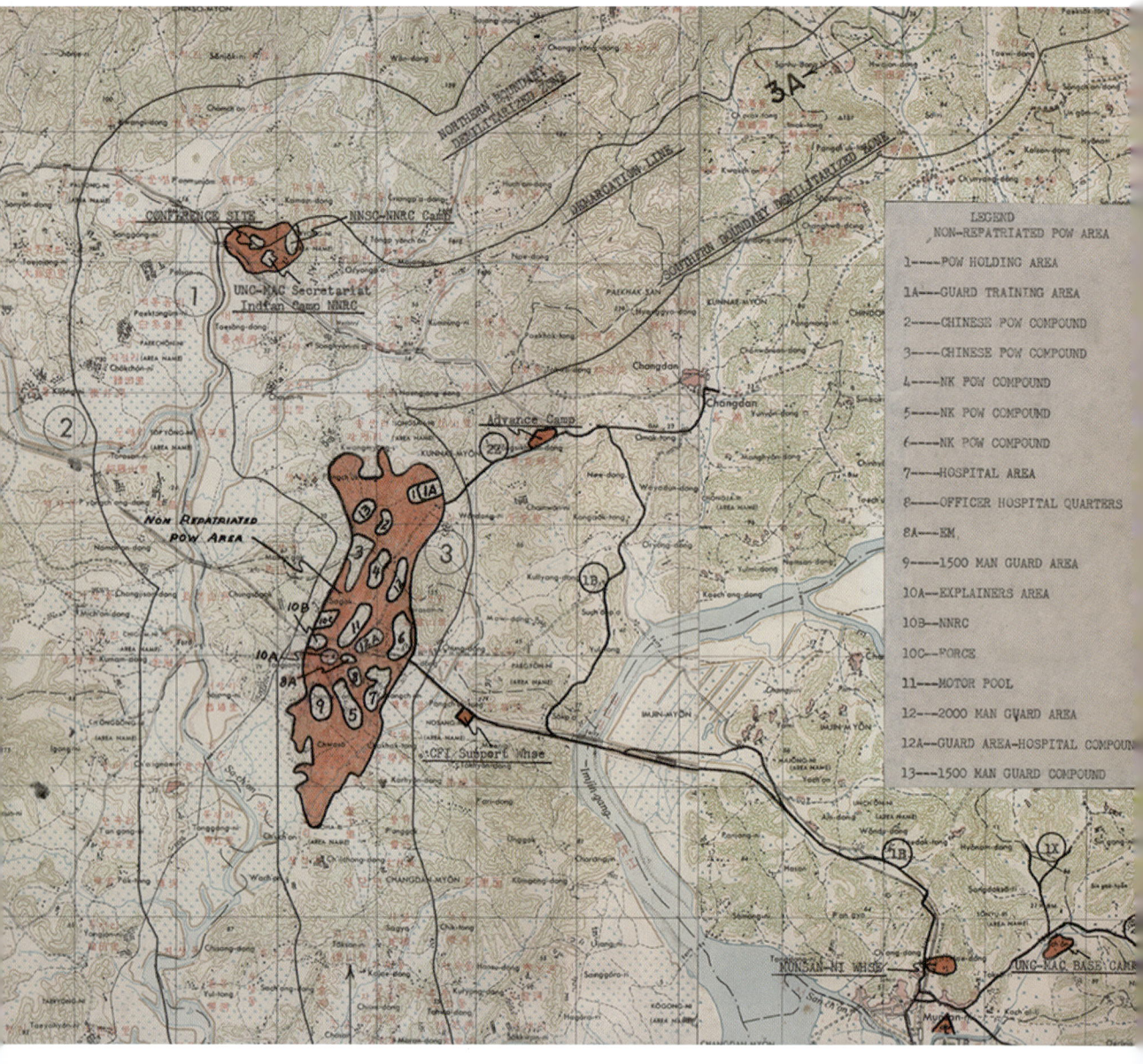

▶ 미송환포로구역이 표시된 지도. (RG 550, A1-1, Box 43, MAC Quarterly Report, 1954. 9-10, NA2)

▶ 중국인민지원군 포로들이 유엔군 10애스컴시티(부평) 포로수용소에서 판문점으로 떠나고 있다. 1954년 1월 21일.
(RG 342-FH, Box 573, NASM 4A 36138, NA2)

▶ 중국인민지원군 미송환포로들이 깃발을 들고 이동하고 있다. 1954년 1월 20일. (RG 127-GK, Box 9, A365285, NA2)

▶ 판문점에서 석방된 중국인민지원군 포로 가운데 본국이 아니라 타이완행을 선택한 포로들이 행진하고 있다. 1954년 1월 20일.
(RG 342-FH, Box 573, NASM 4A 36176, NA2)

▶ 이 영상에는 1954년 1월, 본국 대신 타이완 송환을 선택한 중국인민지원군 전쟁 포로들이 서울에서 타이완으로 이동하는 장면과 타이완 현지 주민이 이들을 환영하는 모습 등이 담겼다. (OPERATION "COMEBACK", RG 342-USAF-21190, NA2) 아래 큐알코드로 영상을 시청할 수 있다.

▶ 타이완 지룽에 도착한 중국인민지원군 포로를 현지 주민들이 환영하고 있다. 1954년 1월 22일. (RG 127-GK, Box 9, A178286, NA2)

▶ 판문점에서 석방된 조선인민군 포로 가운데 미송환포로들이 대형 태극기를 들고 행진하고 있다. 1954년 1월 20일.
(RG 342-FH, Box 573, NASM 4A 36136, NA2)

▶ 조선인민군 미송환포로들이 DMZ에서 서울로 가는 열차에 탑승했다. 미 해병1사단 11연대 병사들이 환송하고 있다. 1954년 1월 20일. (RG 127-GK, Box 9, A365306, NA2)

전술한 대로 중립국송환위원회는 1953년 9월부터 12월까지 미송환포로 2만여 명을 대상으로 설득과 자유 의사를 확인하는 과정을 거쳤다. 그 후 중국인민지원군 미송환포로 1만 4천여 명 중 대다수는 타이완행을 선택하고 400여 명은 본국인 중국 본토로 돌아갔다.

조선인민군 미송환포로(일명 반공포로) 7천여 명 중 대다수는 포항 신병훈련소와 군산 신병보충연대로 이송됐다. 이 가운데 상당수는 한국군에 들어가거나 정보 분야 특수부대에서 일하기도 했다.

하지만 본국 송환이나 남한 또는 북한 잔류를 선택하지 않은 미송환포로도 있었다. 미송환 조선인민군 포로 76명과 미송환 중국인민지원군 포로 12명 등 88명이다. 이들은 중립국송환위원회의 결정에 따라 일단 중립국인 인도로 갔다.

▶ 1954년 2월 인천항에서 중립국인 인도를 향해 출발한 아우스트리아(Austria)호에 중립국행 포로 88명이 탔다. 갑판에서 포로와 인도군이 포즈를 취하고 있다. (이선재 씨가 국사편찬위원회에 기증한 자료)

▶ 인도에 도착한 한국전쟁 미송환포로 환영 행사가 열렸다. (이선재)

▶ 인도행 아우스트리아호 선상에서 중립국행 포로들이 인도군과 기념촬영을 하고 있다. 이 배에 탄 중립국행 비송환포로는 조선인민군이 76명, 중국인민지원군이 12명이다. (이선재)

▶ 1954년 2월 인도에 도착한 중립국행 포로들이 인도 네루 수상의 환영을 받고 있다. (이선재)

▶ 한국전쟁이 멈춘 뒤 남한도, 북한도 포기하고 제3국을 선택해 1954년 2월 인도로 간 조선인민군 포로 76명 가운데 상당수는 2년여 뒤인 1956년 브라질로 이주한다. 당시 이민 관련 인터뷰 장면. (이선재)

〈내가 겪은 조선전쟁〉 저자 주영복은 이 책 1부에서 5부까지의 경로를 모두 밟은 사람이다. 그는 조선인민군 소련어 통역장교로 한국전쟁에 참전했다가 포로가 돼 거제도 포로수용소에 갇혀 지냈다. 1953년 7월 정전협정이 체결됐으나 그는 남쪽에 잔류하지도, 북쪽으로 돌아가지도 않았다.

주영복은 1953년 9월부터 12월까지 미송환포로를 대상으로 한 설득과 자유 의지 확인 과정에서 제3국 중립국행을 택했다. 최인훈의 소설 '광장'의 주인공 이명준처럼. 주영복은 1954년 2월 앞에서 소개한 사진에 나오는 아우스트리아 호를 타고 인도로 간다. 그리고 2년 뒤 다른 포로들과 함께 브라질로 이민을 떠난다. 그곳에서 자리잡은 주영복은 노년에 미국으로 이주한다.

주영복의 삶, 한국전쟁에서 살아남았지만 한반도를 떠나야 했던 그 굴곡진 삶은 전쟁과 분단의 소용돌이에 휘말려 간 이 땅의 수많은 존재 중 하나다.

3. 다시 기로에서

한국전쟁 당시 총부리를 잠시 거두고 마주 앉았던 판문점은, 이제 존재조차 희미해지고 있다. 서로 무장을 하지 말자던 비무장지대DMZ는 전쟁이 멈춘 이후 극심한 군사적 충돌과 대치의 상징으로 변했다.

1954년 유엔군 장교 납치 사건과 총격 사망을 시작으로, 1960년까지 정전협정 위반은 1500건, 군사충돌은 744건에 달했다. 특히 1967~68년 '푸에블로호 사건' 직전 2년은 미군이 이를 'DMZ 전쟁DMZ War'이라 부를 정도로 충돌이 격화된 시기였다. DMZ는 철책과 지뢰, 감시초소GP로 채워졌고, 공동경비구역JSA마저 콘크리트 장벽으로 나뉘었다.

1990년대 이후 남북기본합의서 체결, 철도·도로 연결, 개성공단 가동 등 평화의 흐름이 일기도 했지만, DMZ는 여전히 지구상에서 가장 무장된 공간으로 남아있었다. 2018년 9.19 군사합의로 남북은 일부 GP를 철거했으나, 2023년 11월 북한이 GP를 복원하고 무기를 반입하면서 합의는 사실상 파기됐다.

이후 2024년 한국군도 철책과 지뢰를 재설치하며 한반도는 다시 냉전의 그림자 속으로 빠져들었다. 윤석열 정부 시기 남북관계는 역대 최악으로 치달았고, 일촉즉발의 전쟁 위기마저 감돌았다. 심지어 북한은 러시아-우크라이나 전쟁에 자국 병력을 파병하며 국제사회의 우려를 더욱 증폭시켰다.

2025년 4월 4일, 윤석열 대통령이 내란 혐의로 헌법재판소에서 전원일치로 파면되면서, 정국은 전환점을 맞았다. 그리고 6월 3일 조기 대선에서 이재명 후보가 21대 대통령으로 당선됐다.

한반도는 다시, 대결에서 대화로, 전쟁 위기에서 평화 모색으로 나아갈 수 있는 기로에 서있다.

우리는 이제 어디로 향할 것인가?

참고문헌

1. 미간행 자료

RG 111(Records of the Office of the Chief Signal Officer, 1860 - 1985)
_____, Moving Images Relating to Military Activities, 1947–1964(111-ADC)
_____, Color Photographs of Signal Corps Activity, 1944 - 1981(111-C)
_____, Color and Black and White Contact Prints of U.S. Army Activities in Korea, 1958 - 1981(111-CCK)
_____, Motion Picture Films from the Army Library Copy Collection, 1964–1980(111-LC)
_____, Signal Corps Photographs of American Military Activity, 1754 - 1954(111-SC)

RG 112(Records of the Office of the Surgeon General (Army), 1775–1994)
_____, Administrative Records, 1947–1961(UD 1001, NAID 7372671)

RG 127(Records of the U.S. Marine Corps)
_____, Photographic Reference File, ca. 1940–ca. 1958(127-GR)

RG 306(Records of the U.S. Information Agency, 1900–2003)
_____, Moving Images Relating to U.S. Domestic and International Activities, 1982–1999

RG 319(Records of the Army Staff, 1903–2009)
_____, Intelligence Reports and Files, 1950–1958(A1 1013-A, Box 1, NAID 7419873)

RG 338(Records of U.S. Army Operational, Tactical, and Support Organizations (World War II and Thereafter, 1917-1999)
_____, Records Relating to Enemy Prisoners of War, 1951 - 1960(A-1 224, NAID 895216)
_____, Unit Histories, 1943–1967(UD 37042, NAID 895216)

RG 342(Records of U.S. Air Force Commands, Activities, and Organizations, 1900–2003)
_____, Photographs of Activities, Facilities and Personnel, ca. 1940–ca. 1983(342-FH)

RG 389(Records of the Office of the Provost Marshal General, 1920–1975)
_____, Historical Files, 1941–1958(A1 439-A, Box 31, NAID 646880)

RG 407(Records of the Adjutant General's Office, 1905–1981)

_____, Command Reports, 1949–1954(NM-3 429, NAID 596354)

RG 554(Records of General Headquarters, Far East Command, Supreme Commander Allied Powers, and United Nations Command, 1945–1960)
    _____, Prisoner of War Incident Investigation Records, Dec 1950-27 Nov 1953(A1 224, NAID 7348137)
    _____, General Correspondence Files, 1950-1952(A1 1450, NAID 607803)

2. 논문

이선우, 「전후 '반공포로'의 탄생과 남한 정착의 실상」(88호, 『사림』, 수선사학회, 2024)
    _____, 「포로에서 민간인으로 - 한국전쟁기 유엔군 포로수용소의 민간인 억류자 심사·분류·석방 과정」(110호『한국 근현대사 연구』, 한국근현대사학회, 2024)

전갑생, 「한국전쟁기 ICRC의 포로 송환정책과 미군의 '자원 송환' 연구」(121권, 『한국민족운동사연구』, 한국민족운동사학회, 2024)
    _____, 「한국전쟁 포로와 사진: '동양공산주의자' 인종 프레임과 폭력성 재현」(56호, 『이화연구』, 이화여대 이화사학연구소, 2018)

3. 단행본

전갑생, 『인천과 한국전쟁 이야기: 한국전쟁 70년, 평화를 묻다』, 글누림, 2020
    _____, 『한국전쟁과 분단의 트라우마』, 선인, 2011

David Cheng Chang, "The Hijacked War: The Story of Chinese POWs in The Korean War, Stanford University Press, 2020

Monica Kim, "The Interrogation Rooms of the Korean War: The Untold History", Princeton University Press, 2020